企圖決定前途

每個人必修的
成功人生的11堂課

石向前◎編著

前言

我們從小就很崇拜英雄，不管是一個筋斗雲就可以飛十萬八千里的孫悟空、三頭六臂的哪吒三太子、佛法無邊的如來佛祖，還是「前算五百年，後算五百年」的諸葛亮、「力拔山兮氣蓋世」的項羽，都是我們兒時心目中的英雄人物，總想長大了當一個這樣的人。

人人都想成為英雄，卻想得很盲目，也認為沒有實現夢想的戰場、環境和機遇。其實，人生便是戰場，你的心就是戰場，你的職場也是戰場；有人的地方就有欲望，有人的地方就會有問題，有人的地方就會有爭奪戰。

隨著年齡的增長，我們會越來越覺得這些英雄人物都是可望而不可及的，於是轉而崇拜起專家教授和企業家等成功人士來了。心中時時在想，如果哪一天能夠當面見一見這些人就心滿意足了。

像所有擁有追求與抱負的人一樣，很長一段時間以來，我們一直在細心琢磨，成功者何以成功，失敗者何以失敗的關鍵之處究竟何在？終於我們發現了那麼「一點」，發現所有的成功其實離我們就差那麼「企圖」，區別僅僅在於成功者比失敗者多了一些「企圖」。

經過長期的思考，認真的研究，我們獲得了生命最為關鍵的那麼「企圖」，這「企圖」正是我們所說的「通往成功天堂之路的一盞明燈」。這盞明燈已經點亮，本書就是我們向您隆重推薦的怎樣設定「企圖」的經典之作。

與80%的失敗者相比，成功者在來自於企圖心的展現。讀完本書，掩卷而思，您的心中一定會油然而生一種信心和豪情：我也可以做到成功——這就是我們編輯此書的目的。

我們之所以強調「成功者只是比別人多了一些企圖心」，其道理就在這裡。這是人生的經濟學，這是人生的運籌學，讓我們好好地經營人生，完善人生吧。

COTALOGUE

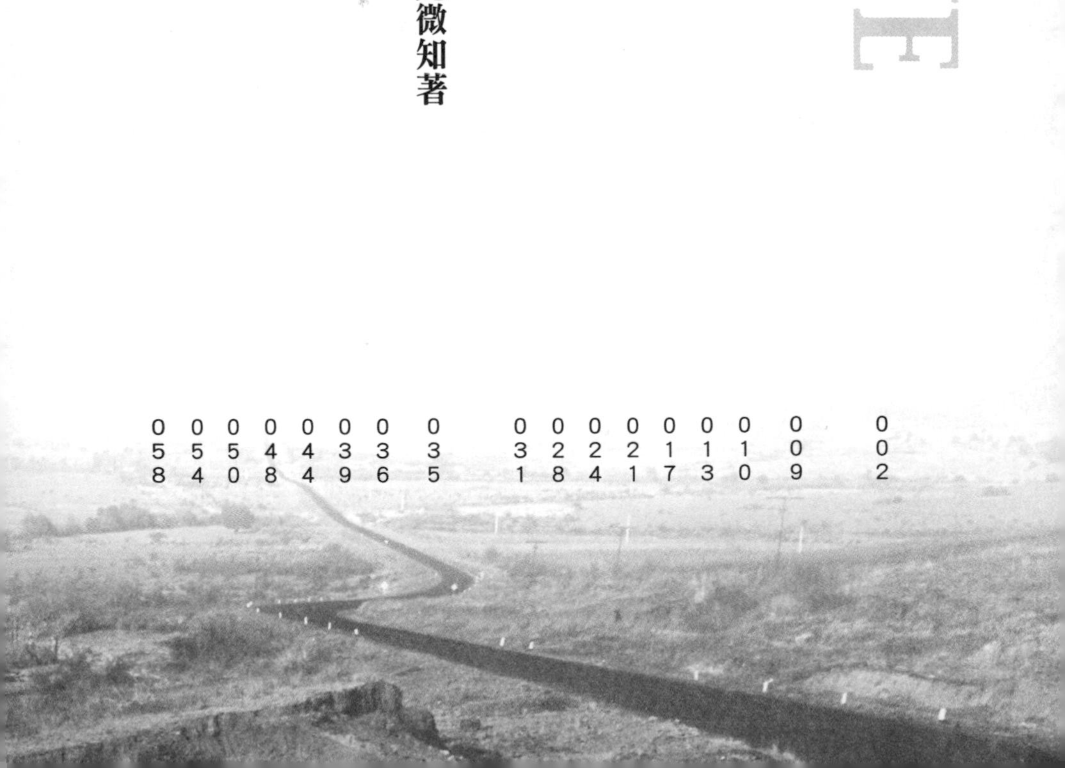

Chapter 1

企圖心
——成功路上的明燈

第1節 用強烈的慾望獲得成功

天才最大的優勢是臨場發揮，一切燦爛的創造在一瞬間會完成。

一位明智的女經理或其他女領導人，絕不會被男人的情緒所左右，當那些賣弄瀟灑的男人擁抱妳或拜倒在妳腳下時，妳的立足之地就開始動搖了。請不要相信跪在妳面前的男人笑容裡的陽光燦爛，也不要相信這種風度翩翩的男人射來的愛箭不會傷害妳。當妳視這種男人為身邊好玩的猴子玩具的時候，妳才會永遠立於不敗之地。做為創業者並不是一定都應該或必須是天才，但必須是敏銳而自信的智者，假若沒有臨場發揮和隨機應變的本領，那最好放棄做成就大業的美夢。

一個善於臨場發揮和隨機應變的創業者，應該是無懼於任何挑戰和競爭，因為只有在挑戰和競爭中才能累積自己的權力和資本力量，增加自己與社會搏鬥的力度。任何一個人總是面臨著良性搏鬥和惡性搏鬥兩種艱難的選擇，如果能夠隨機應變或臨場發揮，那才能夠立於不敗之地。

每一次搏鬥都是善惡的考驗，能夠在臨場時做出恰當地判斷，正確利用善惡的力量，使自己不斷地發展。自己臨場施展才華的敏感性是天生的，但也靠自己來開發，因為天賦的一切功能在生命中的存在是極為模糊的，只有在衝動和慾望的驅使下，不斷地自我發掘培養或開創性的實踐，天才的一切才能明顯的展示自己的威力，但這是一個極為痛苦的歷程。

人的慾望操縱著人的行動，如果僅僅按照慾望的方式去行動，那麼，創業者極有可能墮落成一個社會或集團的破壞者，只有懂得如何控制自己的慾望，使慾望在一定的標準內操縱自己的行動，臨場發揮和隨機應變的敏感性才能夠形成，這也是一個創造天才的形成方式。

私慾往往是天生的，而私慾的強弱程度則受到生存環境和教育的影響，有些創業者非常痛恨自己的私慾，總是想盡一切辦法去戰勝它，使自己成為大眾心目中的理想人物。既然人最大的敵人是自己，自己最大的敵人是私慾，怎樣才能戰勝私慾而使自己變得豁達大度呢？最好的方法是打破自己現有的一切，去承受生命煉獄的折磨，當看破人間是否曲直時，自己的私慾自然消失，私慾是一切慾望的一部分。雖然它也可以動促潛意識產生智慧，過盛卻極為有害。

儘管極端自私的人也極端機敏，善於臨場發揮，但卻不能成就大業在未來社會裡。

決定一個人社會地位的是實際行動力量，而不是學歷和才華現象，在一定文化素質的基礎上，創業者如果善於臨場發揮，隨機應變，時時展示他的創造性，並且由此帶來巨大的經濟效益，他便是未來時代的佼佼者；在未來社會裡，一個只識幾個字的掙錢能手和一個只會高談闊論卻毫無建樹的博士之間的對比是：前者是領袖，後者是懦夫。所以，要成為未來社會的優秀創業者，必須提高自我素質的教育，這一原則對任何國家和民族都適用。

創業者慾望強度的大小決定著行為結果的程度，如果能把慾望建立在個人和社會利益之上，那才是最理想和明智的選擇。強力慾望的方向總是受到利益和生存原則的影響。試想一個凡事都為自己著想的創業者會走向天堂還是地獄，一個以積極態度為自己謀利益的創業者可以理解，而以消極態度為自己謀利益的人則無可救藥。

慾望，一旦利用就盡力量。沒有順從願望，沒有去做你想做的事情，只會成為平庸者。要最大限度地發揮你的力量，就必須去做想做的事情。

第2節 要知道自己箭靶的位置

有一艘三桅帆船在南海陷入狂風暴雨之中，為了減少風雨對船身的威脅，水手們卸下了兩面船帆，正要卸下第三面船帆時，卻發現齒輪出現了毛病，根本無法操作船帆升降。船長只好選派一名年輕的水手爬到桅杆的頂端，去解開繫住船帆的纜繩。這位水手在風雨搖晃船身的情況下，即將爬到桅杆的頂端時，卻膽怯起來，他緊緊抱住桅杆，不敢再移動分毫。

雖然甲板上的人們都為這年輕水手加油打氣，但年輕水手卻手腳顫抖地大叫：「沒辦法，這裡太高，太搖晃……」一位老水手對年輕水手說：「全船人的生命都操在你手中，現在聽我的話，千萬不要往下看，集中你的注意力在桅杆的頂端，看著你要解開的那條纜繩！」年輕水手聽了老水手的話，便抬頭望向桅杆頂端的纜繩。只見他三兩下就爬了上去，順利地解開繫住的纜繩，巨大的船帆急速落了下來。老水手的話是提醒年輕水手如何去解纜繩，其實是道出了目標的重要。有了目標，人的精力就能凝聚到一個焦點上，避免那些不相干的事分散注意力，這時人就會不由自主地朝目標前進。

有人常向世界歌壇的超級巨星盧奇亞諾·帕華洛帝討教成功的祕訣，他每次談到目標凝聚了自己的全部精力時，總要提到自己父親說過的一句話。剛從師範學校畢業時，他既癡迷音樂，又想去當教師。父親對他說：「如果你想同時坐在兩把椅子上，你可能會從椅子中間掉下來，生活要求你只能選擇一把椅子坐上去。」帕華洛帝聽從了父親的話，只選擇了一把椅子——音樂。經過14年的努力與奮鬥，最後終於登上了大都會歌劇院，成了超級巨星。

以上的事例其實都告訴了我們一個簡單的道理：那就是當一個人準確地定位自己的目標後，就會有意識的向著這個目標前進，那麼即使在前行的途中遭遇了挫折和失敗，他也不會氣餒。

目標定位準確，容易成功；目標定位不準確，就很難成功。因為一個人也許在這項職業上平庸無奇，而在另一項事業上卻能大放異彩，所以在選擇目標時，應該先給自己提供多種嘗試的機會，讓生命多次曝光，看看自己的才華在哪個方面最能得到發揮。

目標的定位既要從實際出發，又要盡可能地讓它越遠大越好，就像日行千里的人和日行十里的人，精神狀態就不一樣，登高山的人與爬山坡的人發揮的潛能也不相同。我們常常聽到田徑教練對跳遠的運動員說：「跳遠的時候，眼睛看遠些，你才能跳得更遠。」一個人追求的目標越遠大，戰勝壓力的力量就越強，才能才會發展得越來越快，越來越大。偉大的文學家高爾基深有感觸地說：「一個人追求的目標越高，他的才能就發展得越快，對社會就越有益，我確信這是一個真理。這個真理是由我的全部生活經驗——即是我觀察、閱讀、比較和深思熟慮過的一切——確定下來的。」

人們常常認為，目標遠大會難以實現，其實事情的易難，不在大小，最最重要的是：要有一個明確的目標，一個你真正想要去完成的目標。有了真正想去完成的目標，你就能不斷地、生動地把這個大目標向自己灌輸，使目標更清晰，更深刻，並且把它看做是一個已經實現了的事實，這樣你就會產生一種「穩操勝算」的心理。有了成功的心理，並且全力以赴地付諸行動，再大的目標也能實現。

有些人做事之所以虎頭蛇尾，屢遭失敗，不是事情本身難度大，而是覺得成功與自己太遠太遠而放棄。如果你現在覺得你自己的目標太遠大，遙遙無期，那就把自己的大目標分成幾個可以實現的小目標，然後為每一步驟規定切實可行的期限，這樣你從一開始就能看到成功的希望。

許多成功者都是這樣走過來的。中國女排運動員郎平進了北京隊，看到了國家隊，到了國家隊，又瞄準了世界的最高處，終於一級一級地不斷攀登，成長為世界最傑出的女排健將。如果說郎平的成功是實現遠大目標的「階梯法」，那麼日本長跑運動員山田本一的成功，採用的卻是目標的「分段法」。

山田本一在1984年出人意料地奪得了東京國際馬拉松邀請賽的世界冠軍，當時記者問他憑什麼取得如此驚人的成績時，他說：「我是憑目標獲勝的。」兩年後，他又在義大利國際馬拉松邀請賽上獲得冠軍，當記者採訪他時，他仍說：「我是憑目標獲勝的。」當時人們對他的回答大惑不解，後來從他的自傳中才弄清楚其中的奧祕。他說：「我在每次比賽前，必須先乘車把比賽的路線仔細看一遍，並把沿途比較醒目的標誌畫下來。比如第一個標誌是銀行，第二個標誌是一棵大樹，第三個標誌是一座紅房子……這樣一直畫到賽程的終點。比賽開始後，我就以百米的速度奮力向第一個目標衝過去，到達第一個目標後，我又以同樣的速度向第二個目標衝去。40公里的賽程，就被我分解成這麼幾個目標輕鬆地跑完了。」

所以，我們不僅要有明確的目標，還要有明確、可行的實現目標的方法和途徑。

第3節 有想法才能有作為

「你的腦筋是一個倉庫呢？還是一個工廠？」這句話是大陸伊利諾斯銀行和芝加哥信託公司的總經理尤金．史提芬茲問的。「你的知覺僅只當作一種門戶，讓事實在大腦裡儲藏著呢……抑或能將事實當作一種原料，讓你的大腦生產出新的產品呢？」

麥斯曾經因為他問問題，而失掉過20個工作。他被辭退的緣故多半是這樣的：「在一個鑄模中，我們做了50個鑄物，但卻有20個壞了。我詳細地檢驗成品，並且將所有的日期都記載在紙上。每一次我們都是用同樣的鑄模，同樣的金屬，一切進行手續也都相同。然而差不多總有一半的鑄物是不好的。我冒險去和工頭作對，也許是金屬之中摻雜了什麼別的元素，而使之起變化。」

「好的鑄物中的金屬是和壞的鑄物中的一樣嗎？」他問我。

「金屬確實是一樣的，然而卻無法得到一樣的結果。假使我們可以找出其原因來，就能夠減少許多壞模型的浪費。」我回答著。

工頭立即辭退了我，因為我「干涉」了他的工作。

麥斯這種好問的態度，並不是他所問的事情錯了。他始終堅持「問」，最後他獲得很大的成功。他最大的錯是找錯了人，找了一個不會回答，也不想知道答案的人。

當你問問題卻得到不幸的結果時，多半表示你問錯人了。這種碰釘子並不是說你以後不應再問了，而是你應當找別的方法去得出答案來。如果一定要問別人才能得到答案，就必須問一個確實知道答案的人。去糾纏那些沒有答案的人是一件愚蠢的事，這不過是使他們不高興而已。去問知道的人吧！

勤學好問是成功的先決條件，然而有些時候你希望給予你正確答案的人，卻沒有辦法完成你對他的期許。這個時候也千萬不要放棄發問的本性，不要因別人的無法回答影響了自己的本心，要相信自己並無過錯，而問題也不會因某些人的否定就無法解決。

重要的不是在於你能否得到答案，而是在於保持一種疑問的態度。美國羊毛公司的總裁威廉·伍德說：「得到真正教育的唯一方法便是發問。我們只學我們要學的，你之所以問個問題便是因為你想知道它的答案，因為你想要知道，於是心裡便記得。所以一個時時能產生問號的頭腦是一份很大的財產。」

伽利略發現過一種原理，由這種原理產生出了古老的擺鐘，他這種原理是如何發現的呢？法拉第如何發現電磁感應原理，而使電氣發動機和電流傳達變為現代最有勢力的東西呢？貝爾的電話是偶然發明的嗎？馬可尼的無線電也是碰巧發明的嗎？這些發明家所看見的現象，也是其他的人都看見的。他們儲藏事實的倉庫並不比常人大些，但是常人所造出的東西卻比他們少，這是什麼緣故呢？

他們成功的祕訣，說起來實在簡單。他們每人在心智的門前站了一個哨兵，尤其是他們的眼睛和耳朵，查詢每一個進來的客人，不斷地問一些這類的問句：「你是什麼人？為什麼要進來？你與剛才進來的一些人有沒有什麼關係？你的相貌為什麼要長的這樣？為什麼你的聲音與我剛才所聽見的不同？你有什麼優點？為什麼你能被允許進來？為什麼？為什麼？為什麼？」

這些科學家發問的習慣幾乎到達無法控制的地步。如果你不曉得有問題的存在，便不能解決問題。假使你吸收東西到人腦裡，任它儲藏著，那你的大腦不過是一座倉庫而已。你所儲藏的東西應當有卡片目錄，需要的時候你隨時可以找出來。

另一方面，這個哨兵的職務並不是阻止東西進來，而是做一詳細的盤查，使一些破壞分子乘虛而入。它歡迎外國人和奇裝異服的人物，它詢問它們是想多知道；鍛鍊你的知感哨兵，養成好詢問的習慣，不可目空一切或盛氣凌人。

引起伽利略觀察而造成最大發現的，並不是什麼驚人炫目的東西，而是一件小而簡單的物件。許多人都看見過，而並未多加注意的小東西——燈，伽利略看後就在內心中產生疑問，由此而產生最大的發現。

當他在十九歲那年，有一天他走進當地一個大主教堂。他若有所思地環視四周時，突然抬頭望見從禮拜堂天花板上長鏈懸掛著的燈。這時，一種很難解釋的事情發生，他忘記了禮拜堂，忘記了做禮拜的人，他望著這些搖擺的燈……突然大叫，心裡湧現一種感想——這些燈的振動，或許長擺和短擺不是同時發生的吧！於是他默數自己的脈搏，以實驗他的這種臆測，因為在那時候脈搏是他唯一所帶來的測量物。他實驗出：凡振擺不管其振幅大小，週期總是一定的。

善於發問是一種良好的習慣，因為人無完人，總會有自己不懂的東西，需要請教別人。但是要注意，無論你所請教的人如何卑微，你的發問態度都必須誠懇。因為只有你很誠懇的去請教別人，表現了你的虛心，別人才會為你這種誠意的敬重而打開心門，而你也能得到利益。

用正確的態度對待問題，做到這一點並不容易，因為一般人很難承認自己多麼地無知，承認世上有許多事情都有待去學習。但請千萬不要有這樣的想法，這是害你不能進步的思想。假使你和他們交談是要證明你比他們愚蠢，那沒有關係，因為你已進了一步，讓事實說話。

善於思考的人，往往有自己獨特的見地和對事物敏銳的洞察力，這樣的人往往能夠成功的駕馭生活，享受生命。

第4節 朝著夢想奔跑

柏拉圖曾經說過：「想像力統治全世界。」

愛迪生也認為想像力比知識更重要。「因為知識只限於我們現在所知道和瞭解的，而想像力卻包括了整個世界，以及我們未來將知道及瞭解的一切。」物質是由心靈的能量產生出來的，在這個地球上，包括你身體數10億個細胞與物質的每一個原子，都是由無形的能量所產生的！那麼意念是從何而來的呢？

亞當．史密斯精闢地指出：「意念是一切成功的起源，是想像力的產品。」所以，不要懷疑什麼了，緊跟著你的理想向前飛奔吧！

不管你同意也好，不同意也罷，人們總是習慣以擁有財富的多少而將這世界上的人劃分為三種人。第一種人是富人，他們腰纏萬貫，生活富足，是後兩種人所妒忌和傾慕又希望親近的對象。第二種人是小康人士，他們衣食不愁，生活無憂，但沒有富人那種一擲千金的「肚量」。第三種人是窮人，他們一生碌碌無為，整日為生活所奔波，一生貧困潦倒。窮人與小康人士無時不在談論著富人，用鄙夷或羨慕的態度，說什麼有錢人沒一個好東西，可是心裡卻時時想著發財致富。

富人們對窮人和小康人士在心理上是不願親近的，因為他們害怕自己有朝一日要重新回到窮人、小康人士的行列。無論這三種人之間有何恩怨，他們都有一個共同的目標：發財致富。窮人希望擺脫困境，生活得更好，進而希望發財、像小康人士那樣生活，直到像富人那樣生活。小康人士也盼望發財致富，渴望有一擲千金的氣概，而富人則希望成為全球頂尖巨富，或者能攀上政壇的高峰（事實上，在某種程度上，政治與發財是相通的）。他們都無時無刻不在思索著這樣一個問題：如何才能獲得人生的成功呢？在此，我引用這樣一個經典故事來說明。

在很久很久以前的古希臘，有一位被後人尊稱為「哲學之父」的人，名叫阿里。他是一個知識很淵博的人。但是，因為他專心做學問而一文不名，受到當時人們的恥笑，並說：「學識是毫無用處的東西。」阿里極不服氣，他要找個機會證明知識、智慧是值錢的。後來有一年冬天，精通天文與氣象的阿里觀察星空，發現星座有些微妙的變化。他從中推算出第二年風調雨順，橄欖一定大豐收。怎麼利用這個資訊？他以所有的錢做為押金，租下了第二年將使用的所有橄欖榨油器。當時無人競爭，他只花了很少的錢。第二年果然橄欖大豐收，社會上突然需要許多榨油器。人們只得花高價從阿里手中轉租了。阿里對那些嘲笑過他的人抬高價錢，在很短時間內他發了一筆大財。

在一部名叫《真假公主》的喜劇中，一名年輕的英國女郎幻想自己是位來自遙遠島國的公主，她甚至創造出自己的語言、旗幟、服裝及家世。她的儀態、站姿以及高雅細緻的手部動作，都在說明她出身尊貴。她真的相信她自己是個公主，以致整個鎮上也開始相信她，認為她給小鎮帶來了歡樂和啟示。後來，全倫敦的貴族都學習她的異國原始舞蹈，在她身後排成一長列，模仿她轉身和搖擺的動作。銀行家也請她擔任大使，來籌款投資那個小島。一位公爵向她求婚，心想他可以擴充自己的領地及提升他的個人形象。女性們競相模仿她的穿著，很高興有皇室來造訪她們。接著，劇情急轉直下，一名記者發現這位公主所說的國家根本不存在，她也不是異國貴族，只不過是個來自倫敦的平凡孤女而已。她在接受這名記者訪問時解釋說：「但我想到這位公主時，我真的變成了她。」最後，所有人的想法都改觀了，並且體會到他們需要她充當那位公主，才能使他們對自己更有自信。記者後來愛上了她。兩人乘船到了美國，因為那裡的每個人似乎都能實現他們的夢想。後來，她成了一位名副其實的公主，擁有華麗的宮殿和數不清的財產的公主。

這雖然是個虛構的故事，卻充分地說明了想像力的重要性。心靈力量的發揮已經被眾多的自我成功者接受，並取得了很大的成功。無數成功的實例足以說明亞當・史密斯的理論：當想像力變成財物時，心與物體完成了力量的傳遞過程。

第5節 自己決定自己的命運

人生中最重要的事，就是及早瞭解到，我們是自己命運的播種者。我們今天所做的一切，都會在將來深深地影響到自己的命運。種瓜得瓜，種豆得豆。有幾分耕耘，就有幾分收穫。

瞭解到我們是在為自己工作，意味著自我負責和自我激勵。一個能夠自己對自己負責，自己激勵自己進步的人，才能掌握自己的命運。這是最根本的問題。如果我們甚至不願意對自己負責任，不願意自己督促自己進步，那將不會再有力量能使我們在這個社會上站住腳跟了。

一個上了年紀的木匠準備退休了。雇主很感謝他服務多年，問他能不能再建最後一棟房子。木匠答應了。可是，木匠的心思已經不在工作上了，工作馬馬虎虎，偷工減料，用劣質的材料隨隨便便地把房子蓋好了。

完工以後，雇主拍拍木匠的肩膀，誠懇地說：「房子歸你了，這是我送給你的禮物。」木匠嚇傻了。如果他知道他是在為自己建房子，他一定會用最優質的建材、最高明的技術，然而現在呢？卻建成了「豆腐渣工程」！可是一切都已經來不及了。

我們每個人都可能是那個木匠。

每天，我們砌一塊磚，釘一塊木板，壘一面牆，最後我們發現，我們居然不得不居住在自己建成的房子裡。可是，到這時，一切都已經註定，我們已經無法回頭了。這就是人生，充滿了遺憾和嘲弄。

再也沒有比「我只是為別人在工作」這種觀念更傷害我們自己的了。

從今天起，自己為自己而活，自己為自己工作。自己是自己的主宰，自己是自己的導師，自己是自己的老闆。從今天起，自己決定自己的命運。

從今天起，自己為自己制訂目標。

知道自己要走向何處。知道自己的未來在哪裡。我們的願望一定要實現，我們的願望一定能實現。

從今天起，不迷茫、不抱怨、不消極等待、不懷疑、不自我欺騙、不將就、不應付、不得過且過、不投機取巧、不隨波逐流。從今天起，樂觀、積極、充實、踏實、自制，讓今天的自己

比昨天成熟。

從今天起，忠誠是為自己，敬業是為自己，努力是為自己，付出是為自己，信用是為自己。不求任何回報，因為這是為了我們自己。

從今天起，珍惜時間，珍惜每一個幫助你的人、可能在將來會幫助你的人、向你提意見的人、逼迫你成長的人，珍惜你的家人和你自己。

從今天起，從瞭解到你是為自己工作起，開始一個美好積極的人生。

不要讓你停留在自己的安逸區裡，不再成長和進步。有些人得過且過，做一天和尚撞一天鐘，整天混日子。他們的心思沒有放在工作上，只有在老闆面前才會裝裝樣子。有些人看起來忙忙碌碌，可是並不是真正地用心，只是用這種忙碌的假象欺騙自己。有些人見了責任就躲，不肯多做一點事。有些人無法面對挑戰，自己給自己設限，認為自己這也做不了，那也做不了，稍微有些難度的工作自己就先打退堂鼓了。沒有付出，當然不會有回報，所以，他們會安慰自己，這樣的生活他們已經很滿意了。

不要讓環境牽著你的鼻子走。即使你的環境、你的工作、你的老闆、你的同事有再多再多令人不滿意的地方，你也應該知道，你的所作所為，是為了你自己，而不是為了他們。你可曾因為對你的老闆不滿而消極怠工？你可曾因為對工作待遇失望而推諉卸責不思進取？你可曾陷入對環境的怨恨中無法自拔，卻一直沒有積極有效的改善措施？慢慢地，你的心中被各式各樣的毒素侵蝕，時光耗費，而你，只在蹉跎歲月。

不要再玩這種苟且偷安、憤世嫉俗的遊戲了。這是我們自己的工作，我們自己的人生，一切的惡習，最後受傷害的人只會是我們自己。你能傷害到別人嗎？不能！你不努力，你的老闆可能受損失，但是你失去的更多！你失去了一個充實美好的人生。

著名策劃大師王志綱把人才分成自用之人和被用之人。所謂自用之人，是自己瞭解自己，可以發揮潛力，做老闆，開創一番事業的人。所謂被用之人，是有突出的能力和專長，也就是職業經理人和專家。但無論是什麼人，都必須是自我負責、自我激勵的人，如果連自己都不能對自己負責，不在乎自己，不努力提升自己，就連上帝也幫不了你，何況老闆？那就真成了沒用之人了。

第6節 發展你自己

南懷瑾先生經常說：「歷史上的偉人，第一等智慧的領導者，曉得下一步是怎麼變，便領導人家跟著變，永遠站在變的前頭；第二等人是應變，你變我也變，跟著變；第三等人是人家變了以後，他還站在原地不動。人家走過去了他在後邊罵：『你變得太快了，我還沒有準備你就先變了！』三字經、六字經都出口啦！像搭公共汽車一樣，罵了半天，公共汽車已經開到中途啦！他還在罵。這一類的人到處都是，競選失敗了，做生意失敗了，都是這樣，一直在罵別人。所以大家都要做第一等人。知道怎麼變，等它變到了，你已經在那裡等著了。」

偉大的改革開放總設計師鄧小平的「發展才是硬道理」的格言，對每一位中國人來說都不陌生。但是，如何發展、怎樣才是發展、為什麼發展才是硬道理，這不是人人皆懂、人人皆知的。

其實，發展就是一個「硬」字，硬在有力量，有實力；硬在手中東西多，力量大！做為自然人來說，人的發展就是長大，長到身體的一切器官都成熟起來。身體上的一切器官，沒有不能用的，沒有不具備實用功能的。

做為一個人，如果長不大，那也就沒有發展；沒有發展，力量就不會成長，即使他們思想再偉大，吼聲再高，也沒有人理睬。

除了人的自然長大以外，再所謂的「發展」就是看你在「別人面前」怎麼樣。比如有兩個小孩子，他們住在同個村子裡，一個人上完中學上大學，上了大學出國留學；一個一直在讀小學，就是畢不了業，那就不行。同理，如果一個小孩子不長大，那麼，那個不長大的小孩子就成了「侏儒」，在力量上沒有「分量」，不管社會怎麼在道德法律上保護，人們在內心世界上的「特殊看法」還是存在的。追根究底，他做人是失敗了。

發展是硬道理，是社會前進的根本動力。什麼能有效的推動社會的進步與發展呢，那就是創新。新發明，新創造，新思路給世界帶來了不一樣的感覺，人生也充滿了新奇。當然不斷進步的最終原因就是不希望被別人超越，不希望被這個飛速發展的社會淘汰掉，不希望被別人取而代之。

做人不創新、不前進、不長大、不進步，只有「死路一條」！

我們不難想像，一個沒有什麼動力的人，他將會是一個什麼樣子。當你將一塊磚頭放在顯微鏡下仔細觀察，會注意到它不會有任何變化。然而，如果你觀察一個珊瑚蟲，就會發現珊瑚蟲在慢慢地生長變化。其中的道理很簡單：珊瑚蟲是活的，磚頭是死的。生命的唯一標誌是生長發展。這一標準也同樣適用於人的精神世界。如果一個人在發展，他就具有了生命力；如果停止發展，他就失去了生命力。

一個大人，一個成功的人，一個有本領的人，一個在社會上受到別人尊敬的人，他是否發展，就是以他在這個社會上所佔有的精神財富與物質財富的多少而言。他有資產，那就是人生的發展，是發展的成果與標誌；有學問，就是發展，也就是人生的成果；有地位，做了好大的官，在社會上影響卓著，這也是發展，也是人生成就的表現；「眾裡尋她千百度，驀然回首，那人卻在燈火闌珊處」——在茫茫人海中找到了自己人生的另一半，結成良緣，這也是人生的發展與成功！人生社會職業360行，做出成績影響了他人的都是成功。

人類文化的發展，都是根據社會的需要而來的。天地間沒有不變的事情，萬事萬物隨時而變，隨地而變，隨社會的發展而變，隨人的生理、情感、觀念而變。時時在變，處處在變，人人在變，沒有不變的道理。

第7節 掌握主動出擊的關鍵時刻

秦國宰相范雎受到秦昭襄王的充分信任，在內政和外交上為秦國做出了很大貢獻，使秦國在當時建立了霸主地位。他的權勢不僅在秦國國內，對其他諸侯也有很大影響力。

但是，在他為相的後幾年，出現了令范雎「懼而不知所措」的事情。事情發生在他為相的第七年，由他所推薦而被提拔為將軍的鄭安平，在和趙國的一次征戰中苦戰不敵、率兵投降。過了兩年，他所推薦的河東太守王稽，又因私通諸侯被誅。按照秦國當時的法律，投降和私通外邦都是重罪，而推薦者也須連坐，就是說推薦者和犯罪者一樣，也得被誅殺頭。只是由於他深受昭襄王信任，才被豁免。

相繼發生的這兩件事，使得范雎心裡感到恐懼和不安。

這個消息很快傳開了，那些早已虎視眈眈等候時機的各國說客們，見此良機莫不大感興奮。

燕國有一位名叫蔡澤的說客聽到這一消息認為機不可失，於是立即動身前往秦國。一到秦國，他便託人介紹，晉見范雎。

遊說的人以及被遊說的人都是說客出身。蔡澤現在的情形和15年前范雎的經歷大同小異，這使得范雎不禁產生了一種滄桑之感。他苦笑著接見蔡澤。

蔡澤說道：「《逸書》上有記載：『成功者不可久處。』你該趁這個時機辭去相位才算聰明，這樣人們才會讚譽你的清廉如同讚譽伯夷，同時你也才能夠保持長壽如同亦松子（相傳為神農時雨師）。如果你只知晉升不隱退，只知伸不知屈，只知往不知退，必然會帶給自己禍害。這個比喻，請您三思。」

范雎答應著說：「善。吾聞『欲而不知止，則失其所以欲；有而不知止，則失其所有。』先生幸教，雎敬受命。」

幾天之後，范雎進朝，推薦蔡澤，自求隱退。昭襄王挽留他，但范雎辭意堅定，並假託重病在身，最後終獲應允。

蔡澤主動出擊，成功地抓住機會求人推薦自己，最後獲得了宰相之職，踏上仕途。

相同的故事也發生在戰國時的四公子安陵君的身上。安陵君是楚王的寵臣，很受器重，但是他也有後顧之憂。他的朋友是這樣分析他的處境的：「您沒有一點土地，宮中又沒有骨肉至親，然而身居高位，享受優厚的俸祿，國人見了您無不整衣下拜，無人不願意接受您的號令、為您效勞，這是為什麼呢？」

安陵君說：「這是大王太抬舉我了，不然哪能這樣！」

朋友卻指出：「用錢財相交的，錢財一旦用盡，交情也就絕了；靠美色結合的，色衰則情移。因此狐媚的女子不等臥席磨破，就遭遺棄；得寵的臣子不等車子坐壞，已被驅逐。如今您掌握楚國大權，卻沒有辦法和大王深交，我暗自替您著急，覺得您處於危險之中。」

安陵君一聽，恍如大夢初醒，恭恭敬敬地向朋友請教。朋友對他說：「希望您一定要找個機會對大王說：『願隨大王一起死，以身為大王殉葬。』如果您這樣說了，必能長久地保住權位。」

安陵君說：「我謹依先生之見。」

但是過了三年，安陵君依然沒對楚王提起這些話。

朋友為此又去見安陵君：「我對您說的那些話，至今您也不去說，我就不敢再見您的面了。」話一說完便要告辭。

安陵君急忙挽留：「我怎敢忘卻先生的教誨，只是一時還沒有合適的機會。」

又過了幾個月，時機終於來臨了。楚王到雲夢打獵，一千多輛華蓋馬車接連不斷，旌旗蔽日，野火如霞，聲威壯觀。這時，一隻狂怒的野牛順著車輪的軌跡奔過來，楚王拉弓射箭，一箭正中牛頭，把野牛射死。百官和護衛歡聲雷動，齊聲稱讚。楚王抽出帶牛尾的旗幟，用旗杆按住牛頭，仰天大笑道：「痛快啊！今天的遊獵，寡人何等快活！待我萬歲千秋以後，你們誰能和我共有今天的快樂呢？」

這時安陵君淚流滿面地走上前來說：「我一進宮便與大王同席共座，出宮後更與大王共乘一車。如果大王萬歲千秋之後，我希望隨大王奔赴黃泉，變做蘆草為大王阻擋螻蟻，那便是我最大的榮幸。」

楚王聽聞此言深受感動，正式設壇封他為安陵君，安陵君自此更得楚王的寵信。

蔡澤求人善於捕捉時機，安陵君善於等待時機，他們都是把握時機的成功者。

求人時等待時機的來臨需要有充分的耐心，這個過程必須經過積極的準備、等待條件的成熟，而且等待時機絕不等於坐視不動。儘管他的朋友眼光銳利、料事如神，但事情的發展不會像他想的那樣順利和平靜，而安陵君過人之處在於他有充分的耐心，一直等候著楚王欣喜而又傷感的那個時刻。這時安陵君的表白無疑是雪中送炭、溫暖君心，因此也收到了奇效，保住了長久的榮華富貴。

機遇伴隨時間而來，也伴隨時間而去，它和時間一樣是來去匆匆而過。如果你不牢牢地將其抓住，那麼，它將和時間一起從你的指間滑落，留給你的將只是無限的悵惘和遺憾。因此，求人時只有那些能看準時機，並主動去把握時間的人，才能成為幸運的成功者。

所以，學會在等待中累積知識和經驗，當時機未到時，必須學會等待。但是，時機來臨後仍然消極無為，這種人是愚蠢的人，也是最可悲的人。

Chapter 2

於無聲處聽驚雷

——要善於見微知著

第1節 看見別人眼中的世界

談話的對象往往是敏感的。他們希望被人瞭解，而不希望受到支配或催促，因此求人時你必須從容行事並設法瞭解對方。每個人都具有其獨特性，他們的情緒可能早晚不同，所以你對對方的情緒應該保持高度的敏感性。

戰國時代齊國有名的說客淳于髡有一年遊歷魏國，有人勸他去參見魏惠王。這時淳于髡的博學和善辯才能已經是眾人皆知的，惠王也早有所聞，所以淳于髡便充滿希望地來見魏惠王。

淳于髡到了惠王面前，一直默默無語，一句話也不說。這時，惠王心想，也許淳于髡對左右的近臣有所顧慮，所以他決定明天再設宴請淳于髡，並讓左右近臣退了，以便有一個單獨談話的機會。

不料第二次會面時，淳于髡仍然沉默不語。惠王心中非常失望，心想：「這個傢伙哪算得上什麼辯士，只不過是個傻瓜而已。」

於是，惠王就責難推薦的人：「你不是稱讚那傢伙才能比得上管仲、晏嬰嗎？可是當我召見他時，他卻一言不發。是蔑視我呢？還是有別的什麼理由？若查不出原因，我就要重重地處罰你！」

淳于髡聽到了，這才辯解說：「我第一次參見惠王時，他一心想著『馬』的事情；第二次參見時，他心裡又一直被音樂縈繞著，所以我故意一句話也不說。」

當這位推薦人把淳于髡這番話轉稟惠王時，惠王大為吃驚，說：「哦！淳于髡果然名不虛傳。我第一次召見他時，剛好有人送上名馬來；第二次，當我正想去聽歌妓唱歌時，淳于髡剛好又到了，我表面上退下左右想和淳于髡單獨見面，可是我的心卻已在駿馬和歌妓上了。」

由於魏王的心不在焉，使得淳于髡無法得到一種有助於交談的有利氣氛。所以兩次接見，淳于髡只能以沉默相待。

不久，惠王第三次召見淳于髡，這次當然是傾心以聽了。於是淳于髡便使出渾身解數，陪著惠王談了三天三夜，講的人滔滔不絕，聽的人也津津有味。結果惠王對淳于髡非常傾倒，以宰相的高位重用他，但淳于髡婉言謝絕了，只是收下禮品又回到齊國去了。

《史記》中描寫淳于髡是「承意觀色為務」，指的是他很善於透過觀察對方的表情和態度來揣摩對方的心理狀態，既然他有這種特長，便不難看出惠王心不在焉了。

每一個人都可能擁有某些嗜好（例如潔癖），你應避免侵犯他們。只要你稍微細心觀察對方的穿著打扮、他辦公室的陳列擺設，你便可知一二。譬如當你在求人、找人時踏入對方的辦公室，看遍每一角落也見不到煙灰缸，你應警覺到抽菸是不受歡迎的。

瞭解對方的真正需要有助於調整自己的策略。求人成事時，無論對方是個人或團體，都應弄清楚對方的來龍去脈。要達到最終目的，第一步應做的是認識對方的觀點及所處的立場，進行客觀的分析與研究。

我們經常以自己的立場去觀察事物，忽略了實際情況。這是因為我們無法超越自己的經驗，我們認定自己所走的生活軌跡是世上唯一的。因此如要瞭解對手的思想、立場、需要，進而判斷出對方會採取的行動，就必須「進入」對方的世界中，設法理解他們的態度、感情與信念。這樣不但能獲知對方隱瞞的條件及問題，也能瞭解他真正的需求。

讓別人瞭解你，首先要學會看見別人眼中的世界。這既尊重了他人，也有利於你自己。

第2節 大家都沒做的正是你該做的

一位成功的企業家說：「一項新事業，在十個人當中，有一、兩個人贊成就可以開始了；有五個人贊成時，就已經遲了一步；如果有七、八個人贊成，那就太晚了。」

中國人自古以來就有的劣根性，那就是盲從。這種盲目的從眾心理表現在很多地方，大多數人在做某件事的時候總會想著別人的話會怎麼辦啊！怎麼說啊！自己不想成為特殊的那個人，希望自己和大多數人保持一致。買東西的時候也會有這種人云亦云的心理存在，而我們大多數商家就是因為抓住了消費者的這種從眾心理，才使自己佔領大片的市場，取得成功。

其實這種盲從常常制約了人們的創新意識，不利於獨立思考，也不利於另闢蹊徑。因而在這個普遍盲從的社會現象裡，誰能成為第一個吃螃蟹的人，勇於創新、勇於迎接新問題和新挑戰，誰就能最終獲得成功。

下面的例子就說明了創新的重要性。

一群老鼠為了求生存，研製出一種機械老鼠來對付出沒無常的大花貓。

這些老鼠每次出洞前，先放出機械老鼠，讓大花貓疲於奔命地去追趕，然後牠們才一個個鑽出洞來，大膽地去覓食。

日子一天天地過去了，老鼠們也慢慢習慣了沒有大花貓威脅的生活，每天只要放出機械老鼠之後，便大搖大擺地走出洞口，四處搬運食物。

這一天，牠們還和往常一樣，放出機械老鼠後，又在洞中靜靜等待大花貓離去的腳步聲。

過了一會兒，只聽得大花貓的腳步聲越來越遠，小老鼠便想走出洞去。可是大老鼠說：「等等，今天大花貓的腳步聲不大對勁，小心其中有詐！」

老鼠們又等了一會兒，洞外又傳來一陣陣狗叫聲。既然有狗在附近，那隻大花貓一定逃之夭夭了。老鼠們這才放心地鑽出洞口。哪想到大花貓居然還守在那裡，當牠們出來後，全落入大花貓的爪下，竟然無一倖免。大老鼠心中不服，掙扎地問大花貓：「我們明明聽見狗叫聲，你怎麼還敢待在洞口？」

大花貓笑著說：「你們都進步到會生產機械老鼠了，我不趕緊掌握幾門外語，就該失業了！」

老鼠研製機械老鼠是創新，大花貓學狗叫也是創新，真是「道高一尺，魔高一丈」。這小小的童話道出了社會生存競爭的激烈，創新的重要。今天一個人要想立足社會，將以有無創新意識和創新能力來論成敗。

提起成功，就會想到創新，因為它們往往是難以分割的兩個方面。我們說成功不難，那就沒有任何理由懼怕創新。創新就像一個哲人說的那樣：「你只要離開常走的大道，潛入森林，你就肯定會發現前所未有的東西。」同樣的道理，一個小小的改變，只要能跳出傳統守舊的觀念，將自己思維方式巧妙地變一變，往往就會產生意想不到的效果。

享譽世界的迪士尼小路就是這樣產生的。著名的建築大師格羅佩斯（Gropius）設計的迪士尼樂園主體工程竣工後，他對園內景點與景點之間的小路不甚滿意，修改了幾十次，都不太理想，他只好放下這項工作到國外去渡假。

一天，他在法國南部的一個葡萄園門口，發現買葡萄的人絡繹不絕，人們只要往園門口的箱子裡投5個法郎，便可到園子裡隨意摘上一籃葡萄，這種任意採摘的方法，吸引了許多過往的人。格羅佩斯看了頓生靈感，當即電話通知樂園施工者，在園內撒上草種，提前開放。園內小草長出來了，在沒有道路的景點與景點之間，遊人踩出了一條條小路。第二年他按照踩出的痕跡，鋪出了人行小路，這些黃色小路點綴在綠草之間，縱橫交錯，幽雅自然，美不勝收。後來他的設計獲得了1971年國際藝術最佳設計獎。

人們常說：「創新始於天才。」其實，這話應該顛倒過來，「天才始於創新」才合乎情理。因為創新是天才的本領，天才大都始於思維方式與眾不同。無論是傑出的思想家、政治家，還是傑出的科學家、藝術家，他們都是勇於探索未知的人，他們與大家一樣，原本都是普普通通的人，重要的區別就是他們勇於創新罷了。人們都說鄭板橋是個天才，其實他從小學習書法時，只會臨摹名家，要不是妻子的指點，也許他還成不了大書法家呢！有一天晚上睡覺時，鄭板橋用手指在肚皮上練字，寫著寫著，不知怎麼寫到身邊妻子的肚皮上。妻子忿忿地說：「我有我的體，你有你的體，你怎麼寫到我的體上來了？」鄭板橋挨了罵，驀然有所醒悟，覺得自己不應該停留在臨摹別人的形式上，應該有自己的「體」。從此，他既採諸體之長，又棄諸體的既定形式，形成了獨樹一幟的「板橋體」。

有人說，創新是發明家、藝術家的事，與我們一般人、普通工作無關。這種認知是不對的。因為我們每個人都有發現問題和解決問題的靈感和能力，人人都有從事創造性活動的稟賦，我們不應該漠視自己身上的這些潛能。日本有個家庭婦女，看見曬衣竿上沾有髒物，她就將塑膠薄膜覆蓋在曬衣竿上，並淋上熱水。由於薄膜收縮，所以就牢牢地黏在曬衣竿上。這小小的創意，為她帶來了100萬日元的發明回報。

我們周圍的一切，都有可能成為我們創新思維的物件。換句話說，創新的素材遍地都是，無論從事何種工作都可以透過創新獲得成功。有位王老闆在國道邊上開了個飯館，生意很不景氣，眼看著眾多的車輛從門前開過，很少有人光顧。他用打折、送湯等吸引顧客的辦法，都沒有起什麼作用，最後只好關了門，把飯館賣給一個姓張的老闆。這位張老闆別出心裁地在飯館旁邊修建了一個很漂亮的公共廁所，並做了一個不收費的醒目牌子，許多班車司機路過這裡總要停下車，先讓旅客們方便方便，順便再讓大家去飯館用餐。從此飯館生意一天比一天好，吃飯的人越來越多，不到兩年，張老闆把小飯館擴建成三層樓的人飯莊。可見，踩著別人腳印走的人，永遠也發現不了新路。

王老闆用傳統的思維經營飯館失敗了，張老闆用創新的思維經營飯館成功了。創新說難也難，要說容易也容易。說它難是因為人的思維存在著慣性，在思考問題時，常常受各種因素的約束，只能採用一種答案，不願或者根本就想不到去尋找更多的解決方案，這樣就容易失敗，陷入惡性的循環。創新要說容易也容易，張老闆在經營飯店時，他不先考慮「大家都怎麼經營」，而先考慮「大家都不做什麼」或者「大家還有什麼沒有做」，然後尋找大家都不做的去做。

諾貝爾物理獎得主李政道就是這麼成功的。他在確定研究命題時，首先分析當前研究的弱點，摸清哪些問題既重要，又是別人研究的薄弱環節，進而找到自己創新的突破口。他用這種方式，僅用了幾個月時間，就找到了一種新的孤子理論，用來處理三維空間的亞原子問題。於是，在這個領域裡，他便從知之不多，一下子趕到了別人的前面。

有探索才會有創新，有創新才容易成功。世上每一次偉大的成功，都是先從創新開始的。

第3節 強化和培養你的親和力

人雖然是獨立的個體，但同時也是最典型的群居動物。我們害怕孤獨，也害怕獨自面對社會上的困難和危險，哪怕迫不得已一個人生活，我們也要與動物為伴，也要尋找自己的朋友。因此我們必須學會和人交往，並且融入到別人的世界裡去。

如何與別人交往、和別人溝通，就是我們需要好好研究的問題了。要想和別人建立良好的關係，首先一點就是要親善，也就是說要讓自己具有親和力，看起來平易近人好相處。這會使人與人之間形成一種巨大的凝聚力，形成不可估量的影響與作用。

就個體而言，親和力加速了一個人的社會化過程，使他從誕生之日起就浸泡在關懷、愛護的親情之中，一點一滴地受到薰染，得到強化與培養。親和力有利於個體的身心健康，減少心理障礙產生的機率。

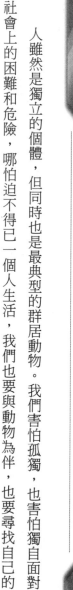

人們社交的範圍越廣，精神生活就越豐富，親和力就越強，心理發展就越平衡。親和力是培養良好個性、求取知識、獲得事業發展必不可少的重要條件，是建立友誼、發展友誼的堅強動力。只要親和力動機純正，就會贏得許多朋友，就會在人生的道路上一帆風順。

假如你一個人獨居，看似不與人接觸，其實不然，一會兒鄰居或房東就要來收水電費、房租，你勢必要與他們說上兩句。你的食品、衣服、家具，也必須去商場購買，為了爭取貨真價實，物美價廉，還要陪上幾句好話。

你若沒有上班，必是私營，為了賺錢，你要與許多人交往；你若有上班，就要面對上下級的關係；你若兩者都沒有，也得有人供養你，你要與供養人相處。總之，能夠完全脫離社會、脫離群體的人是不存在的，也是無法存在的。

社會中的絕大多數人，往往願意或喜歡與他人交往，以朋友多而自豪。這種願意或喜歡與他人交往的本能，就是親和力。它是人類普遍具有的渴望與他人親近、和諧相處的心理狀態，是人類最基本的需求，也是最主要的需求。兒童依戀父母，老人眷念兒女，兄弟姐妹互相幫助，人們就是在這種相親相偎的關係中，培養才智，增長力量，戰勝困難，取得成績，最終走完自己的人生旅程。這種親和力，既是使情感歸依的起因，也是激發人際交往的動力，它對平衡人類心理，克服勢單力薄之不足，起著很好的調節作用。

在現實生活中，人們之間總或多或少，直接或間接地發生著聯繫。獨立自主、自力更生雖然可以解決一部分衣、食、住、行等方面的問題，但更多時還是要依靠他人的幫助。荀子曾說過：「人力不若牛，走不若馬，而牛馬為之用，何也？曰：人能群，彼不能群也。」荀子的這段話，道出了人類在和大自然做競爭中，團結就是力量的真理。人類憑藉親和力，使自己堅強而有力地屹立在大自然的面前。人的這種求生動機，是親和力的表現之一。

人類在向外界索取自身需要時，將會招致自然或社會各方面的阻力，單憑個人的力量是難以抵禦外界的干擾或侵害的，此時必須藉助他人的助力，方能求得安全的保護。這種安全意識，在現代社會中顯得尤為重要。當人們沒有多少財富時，希望能夠獲得好的職業或收益，以便生活得更好；當人們有了錢財時，又希望社會各項措施到位，為自己提供財產保護。人們無時無刻不在關注著自身的安全，財產的安全。這種對安全的需要，使人們自願融入群體之中，希望透過集體的力量來戰勝對於不安全的恐懼。人的這種安全動機，是親和力的表現之二。

人類有七情六慾，情感有喜、怒、哀、樂，豐富的感情世界使人類產生歸屬動機。當人們有了喜悅與悲傷，往往急欲找人傾吐，以求得到理解與寬慰，使情感有所寄託。歸屬動機，是親和力的表現之三。

總之，人類的親和力不是單一化的，而是多重的、複雜的，上述三種只是其中的一部分，此外還有社會比較動機、自我實現動機等。人們衡量自己，常常是透過與他人的對比來實現的，這就產生了社會比較的需要。有人工作成績突出，事業蒸蒸日上；有人經濟富裕，生活品質極高，人們自然產生比較心理。比較心理的積極效果是——比事業，工作更加努力；比經濟，生活更有追求。透過與他人的比較，衡量出自己的成就與不足，明確今後的奮鬥目標。社會比較動機的實現，增強了親和力。人們為了展示自己的能力與才華，渴望在群體中尋覓最佳立足點，以獲得他人的首肯與讚許，進而實現自我的價值。這種自我實現動機，敦促人類發展和完善自己，向親和群體進一步邁進。

那麼，親和力又是怎樣產生的呢？心理學家沙其特（Stanley Schachter）曾做過一項實驗，將5名自願者分別隔離在5間屋子裡，在提供住宿的情況下，使其與外界隔絕。結果堅持時間最短的是20分鐘，堅持時間最長的是8天8夜。他們都感到孤獨，很難受，心理很緊張。這項實驗顯示，親和傾向源於人的本能，是人類與生俱來的。人類喜好合群，組織家庭，建立各種社會組織，便是極好的明證。孤獨使他們恐懼，離群使他們害怕，長久的隔離，會使他們的心理狀態變異，成為不正常的人。出於本能，人們相互親近，其目的是為了生存。生存的需要，是親和力產生的條件。

心理學家赫布的「理想水準說」認為，人類的親和傾向是出於功利性目的。人們透過親和，可以達到個人的目的，對自身也是一種報償。暫不論其他，有一點是值得肯定的，人們的親和雖源於本能，但卻是有目的的，人們透過聯合，和自然界、社會做競爭，為生存創造條件。人與人之間的社交，在付出的同時，也在索取，實際上是進行著時間、金錢、勞動等方面的交換。正是在社會交換的作用下，人類社會才不斷地進步與發展，人與人之間的關係才日益親密合作。

所以，如果想成功，那麼從現在開始，就培養你的親和力吧！

第4節 沒有不可能，只有可能

對於能否做成某件事，雖然缺乏經驗，但是能肯定地說「必能做到」，這便是可能思考。所謂可能思考，並不是由過去的經驗或自己的條件來決定，而是由自己目前腦子裡正在思考之事，所發出來而做為衡量事物的標準。

世上有一些人不肯依照現成的道路或方法去進行，這種我行我素的態度屬於頑固之林，當過分執著於自己的看法，而放棄其他許多方法時，你就會吃虧。不肯模仿別人的方法，而朝著同一方向另闢途徑的人，是在浪費自己，這種作法其實是多餘的。

然而，如果在自己想前進的方向上還沒有找到途徑時，則需要另外開闢道路，這就是你的工作。

因此可能思考不受環境的影響，是善加利用環境，使自己去影響環境。假如沒有這種環境，就應該去創造環境，沒有途徑就應該去開闢道路；如果沒有這種勇氣和不惜付出代價之不屈不撓的精神，則可能思考就很難成立。

可能思考並不是只靠自己的力量去做。只要有優良的理念，且這種理念愈富於魅力，便能獲得愈多人的心。富於魅力並具有巨大影響力的人就會成功。

我們到底是為了什麼目標而活著呢？為什麼你需要別人的協助呢？為了達成自己的目的、自己的愛，以及實現自己成功的事實而活才是正確的。

但是單靠本身一己之力，到底能做多少事呢？即使你有再大的力量，也無法抓住自己的腰帶把自己舉起來，這是絕對做不到的事，但如果另有一個人把你舉起來，這卻是可以做到的。

因此當我們生活在世上時，首先要具有明確的願望及夢想，這種願望及夢想才是目標，你需要朝著這目標行動。由於行動可以得到其他人的協助，若有人肯協助，你就能達成夢想，獲得成功。

一旦各種條件齊備無缺，只要你有行動的意願，則對你來說，沒有一件事是不可能的。如果有許多人的知識協助，則每件事都能完成。

如果要把不可能的事變成可能，則只有一種辦法，那就是行動，亦即只有愛能推動一個人行動，使不可能變為可能。

第5節 不要被表面現象所迷惑

有一位青年，不畏艱苦地爬上山頂，跪在地上，大聲而虔誠地祈禱：「萬能的主啊！是您賜予我身體和勇氣，我將永遠頂禮膜拜您。」上帝不語，只有冷風颼颼，陰霾漫天。

三年後，他來到海邊，跪在浩瀚壯闊的大海邊，虔誠地祈禱：「萬能的、至高無上的主啊！我將永生臣服在您的腳下，為您祈禱、為您膜拜，我寧願一生做您的奴隸，侍奉您。」上帝依然無語，唯有海風陣陣，波濤嗚咽。

又過了三年，青年再次登上高山，來到海邊，向上天呼喊：「主啊！原來您永遠與我同在，我就是您，您就是我，我就是自己的主啊！」上帝微笑了，天上飄過幾朵白雲，清風微微拂過青年欣喜的臉。

從這位青年由對主的頂禮膜拜，到認識自己是主宰的故事中告訴我們：唯有自己才能主宰自己的命運。

上司不是職場上的上帝，工作並不是要你賣身當奴僕。你替對方工作得到薪水以及工作經驗、管理知識、社會閱歷等，這些都是你付出勞力、心力的成果，用不著因為「拿人手短，吃人嘴軟」而過分地敬畏上司。

請確認一個信念：上司也是人。我們要打破將上司視為萬能主宰的神話，除去籠罩在他們身上的光環，除去名聲與權威的包裝。有了這個觀念，洞悉上司將易如反掌。下面分別以男上司和女上司為例，簡略分析他們身上存在的人的共通性。

當今社會，以男性企業家為大多數，他們的共同特性是：性格鮮明。部屬們可以將他的臉當作好、惡、喜、厭的「晴雨錶」。他們多半富有想像力和開拓精神，精力充沛，性格坦率。

假如員工表現出色，他會不吝嗇誇獎；假如員工犯下輕微錯誤，他也會毫不客氣地指正，但你不必太在意這些責難，因為不消一會兒，他就忘得一乾二淨。

電腦鉅子、英特爾公司的總裁安德魯．葛羅夫，曾被《財富》雜誌評為「美國最嚴厲的上司」之一。葛羅夫在一次對部屬人聲咆哮之後承認：「當我冷靜下來的時候，我深感內疚，但畢竟已來不及了，因為這個忠實、有經驗的管理人員在受到如此大的傷害之後，往往不會原諒我，而難以和好如初。」看來，男性上司之所以對員工咆哮往往是脾氣使然，並不表示他真的對你存有芥蒂，大可不必看得過於嚴重。

男性上司往往喜怒形於色，無論是讚揚或是指責都不一定是壞事，如果對你不聞不問。那才是壞事。當然也有那些喜怒不形於色的男性上司，他們心機深沉，不輕易表露自己的感情，和這類上司應對起來就需要多費一番心思。

不讓鬚眉的女性上司在現今企業界不在少數，她們被稱為「女強人」。和女性上司相處，如果還抱著大男人主義，你將會有吃不完的苦頭。因為女性上司雖然態度溫和，最能隱藏自己的情感，但她們也特別精明能幹。

女性上司具有的特質：敏銳而慈悲，同時又很細膩。對於部屬的恭維，即使明知不是恰如其分也很愛聽，所以適度的迎合通常是有效的「討好」武器。她們通常有敏銳的第六感，對於職員的心態、是否尊重、是否願意服從，往往有先知的預感。所以身為員工的你必須得謹慎小心，要是你的不忠誠被發現，那她心裡的芥蒂可是很難消除的。

儘管女性上司精明而能幹，但還是有些許溫柔特質：依賴感特別強烈。此時，溫情攻勢或護花使者便有用武之地了。同時，她的內心有著與生俱來的母性，對於弱者有一種憐憫心，但切莫輕易流露你的脆弱，處理得不好的話，她會鄙視你。無論男性上司還是女性上司，他們都是人，都有人的共通性，把握這一點，你就找到洞悉上司的訣竅。

上司也是血肉之軀的社會人，就一定有和他人的共通性。明白這個道理，我們就能凡事「曉之以理，動之以情」，加薪、晉升何愁不成？

有的員工將上司們視為神祕英武的化身，高不可攀，總在氣派的辦公室中主宰屬下的命運。正如史前人類當初對雷神有著莫名的畏懼，當科學證明雷電是由於雲層中電荷相碰撞而產生之後，人們就不再畏懼「雷神」的威力。同理，只要你明白「上司們也和凡夫俗子一樣」這個道理之後，就請以平常心看待他們，不難發現這一神祕之處，也不再覺得他們遙不可及。

其實——一般人對上司的敬畏也只是隔著一層紗，當薄紗一旦揭開，要發掘其內心深處、探究其情感也將成為容易之事。

第6節 洞悉你身邊的人和事

人所面對的世界是一個五彩繽紛、變幻莫測的世界，人們所賴以生存的社會是一個紛繁複雜、千頭萬緒的社會。我們每一個人身處於其中，在快節奏的現代生活方式下處理各式各樣的事，接觸千姿百態的人，得到了各自不同的感受。這感受有喜有悲，有歡樂有哀傷。當然，人人都希望自己的生活美滿如意，都不希望有欠缺、有煩惱、有挫折。可是，希望總歸只是希望，生活卻總是希望與痛苦交織，明晰與困擾並存。生活的這種複雜性，充分地向我們勾勒了一幅人心難以掌握測量的圖畫。

例如，生活中往往有兩面三刀者，就是採取各種欺騙方法，迷惑對方，使其落入陷阱，達到自己的企圖。唐玄宗時的宰相李林甫，他陷害人時不是一臉凶相，咄咄逼人，而是吹捧對方，說一些甜言蜜語，暗地裡卻拿對方開刀。當時世人稱李林甫「口有蜜，腹有劍」，即口蜜腹劍。在當代，也不乏口蜜腹劍的陰謀家，林彪即是一個典型。他「萬歲不離口，語錄不離手，當面說好話，背後下毒手」。對此，我們一定要提高警覺。

每個人都很難從臉上的表情或者言行舉止，來斷定其心情和目的。難過的時候，他可能微笑著巧妙地掩飾著，興奮的時候，他又可能故作沉思狀低頭不語。因此，這時他說出來的話、做出來的事不一定出自於內心的本意。這正像是我們平時所說的那句話：「人人都戴上了虛偽的面具。」這面具隨著年齡的增長，戴得越來越巧妙，越來不易被人發覺，久而久之，這就慢慢變為一種社會性的心理思維定勢，一種習慣。隨之而來的圓滑處世也成為成熟的標誌之一。想一想自己，不也是這樣嗎？自己的喜怒哀樂何曾明明白白表現於他人面前而不加任何掩飾呢？因此可見人心難測，這是我們通曉人際交往祕訣的先決條件。

有些人裝出一副道貌岸然、和藹可親的面孔，卻隱藏起內心的真實企圖。外表上對人極盡誇讚逢迎之能事，暗地裡卻耍手段，要嘛使人前進不得，要嘛使人船翻人覆，甚至是落井下石。這種人還往往不是自己出面去傷害別人，而是借刀殺人。

在我們的周圍，有時，他們看到你直上青雲時會逢迎拍馬專挑好聽的話講；有時，他們看到你事事順心進展神速，而在背後造謠生事向上級人物進讒言，陷你於不利。欺騙、謊言、圈套從他們頭腦中醞釀成形，套在你身上，使你翻身落馬；有時，他們看到你墮入困境則幸災樂禍趁火打劫。所有的這一切，我們如何能不防呢？

我們可以看出，小人們雖然自身沒有多少雄心壯志、雄韜偉略，但是運用起拾馬進讒之伎倆來，卻是駕輕就熟，讓人防不勝防。這不能不說是我們人生前進道路上最危險的陷阱。如同突然拔地而起的巨石，我們一不小心碰上去就會頭破血流。

我們天天呼喚坦誠相待，渴望相知相解之交。然而正由於缺乏才去強調，正由於貧瘠才去求援，我們還不能不承認小人們的存在給真誠美好的生活抹上了灰暗的陰影。在全力以赴的時候，那意想不到的背後打來的一擊可能有天降之禍。何況我們每一個人生活在這個世界上，要生存就要工作，就要與各式各樣的人交往，就要互相依賴互相聯繫，彼此之間密不可分呢！在這裡，並不是說與人交往就是可怕的，大多數人依舊是善良可信的，而是說事實證明生活中不僅有好人，還有小人，對此類人必須提高警覺，能夠應付自如，進而更好地搞好人際關係，求得自己在社會中更大的發展。要想如此，就得洞悉小人們的伎倆，就要明白這背後的一擊究竟是源何而來。

在當前競爭十分激烈的情況下，人性的弱點，在種種包裝下成為潛藏於心理深處的「暗流」。這種暗流既然存在了，就會找尋渲洩的途徑。這途徑由於每個人的修養品格不同，呈現為不同的方式。尤其應該注意的是一些品格低下、思想卑劣的小人在受挫後並沒有放棄，而是轉化為嫉妒，想盡辦法對勝利者進行花樣繁多的「背後」襲擊：傳播流言蜚語、向上級人物進讒、設置重重障礙、阻礙他人的順利前進。

在競爭日趨激烈的今天，許多小人為了自己的利益把「人不為己天誅地滅」奉為座右銘，置謙虛、正直、誠實、樂於助人、無私奉獻等傳統美德於不顧，不講禮義廉恥，不講行為準則，不講社會道德，鉤心鬥角，陰謀百出，許多擁有一技之長或佼佼出眾者被他們定為襲擊目標。一方面，小人們的貪婪慾望由此得到了滿足，另一方面，被害者苦不堪言。從這個角度來講，生活在社會這個複雜的環境中，你若想不被人暗算，若想在前進中擺脫小人，一往直前，就要洞悉讒言詭計的各種伎倆、手段，採取各種針對性的防守措施。

商場上更是這樣。所謂商場如戰場，一不小心便會萬劫不復。所以要想成功，你就必須學會一種本領，即能夠洞悉你身邊的人和事。

第7節 重視給予

從前，有個人在沙漠中迷失了方向，飢渴難忍，瀕臨死亡。可是他仍拖著沉重的腳步，一步一步的向前走，終於找到了一間廢棄的小屋。這間屋子已久無人住，風吹日曬，搖搖欲墜。在屋前，他發現了一個汲水器，於是便用力抽水，可是滴水全無。他氣惱至極。忽又發現旁邊有一個水壺，壺口被木塞塞住，壺上有一張紙條，寫著：「你要先把這壺水灌到汲水器中才能打水。但在你走之前一定要把水壺灌滿。」他小心翼翼的打開水壺塞，裡面果然有一壺水。

這個人面臨著艱難的選擇，是不是該按紙條上所說的，把水倒進汲水器？如果倒進汲水器後不出水，豈不白白浪費了這生命之水？相反，要是把這壺水喝下去，就會保住自己的生命。一種奇妙的靈感給了他力量，他把水倒進了汲水器，果然汲水器中湧出了泉水。他痛痛快快的喝了個夠！休息一會兒，他把水壺灌滿，塞上壺塞，在紙條上加了幾句話：「請相信我，你只要把生死置之度外，就能嚐到甘美的泉水。」

這一年的耶誕節，麥琪的哥哥送給他一輛嶄新的高級跑車做為聖誕禮物，這可是麥琪夢寐以求的事。他開著跑車到處兜風，總是能吸引路人羨慕的眼光。

這一天，麥琪從他的辦公室出來時，看到街上有一名小男孩在他閃亮的新車旁走來走去，不時地用手摸摸這，摳摳那，滿臉都是羨慕的神情。

麥琪饒有興趣地看著小男孩，從他的衣著來看，他的家庭顯然不屬於自己的這個階層。就在這時，小男孩抬起頭，發現了麥琪，於是他向麥琪說道：「先生，這是你的車嗎？」

「是啊，」麥琪無比自豪地說，「這是我哥哥送給我的聖誕禮物。」

小男孩睜大了眼睛：「你是說。這車是你哥哥送給你的聖誕禮物，而你卻不用花一分錢。對嗎？」

望著驚奇的小男孩，麥琪覺得很可笑。但他還是禮貌地向他點點頭。

小男孩叫道：「哇！太棒了，我也希望……」

麥琪自信地認為他知道小男孩下面想要說什麼。他肯定要說，他希望也能有這樣的一個哥哥。

但是小男孩說出的話卻讓麥琪吃了一驚，他無比幸福地喃喃著：「我希望，希望自己也能成為這樣的哥哥。」

麥琪深受感動，他覺得開始喜歡這個小男孩，於是便問他：「小伙子，願意坐我的車兜風嗎？」

小男孩欣喜萬分地答應了。

逛了一會兒之後，小男孩突然轉身對麥琪說：「先生，能不能麻煩你把車開到我家門前？求你了。」

麥琪微微一笑，他理解小男孩的想法：坐一輛大而漂亮的車子回家，在小夥伴面前的確是件很神氣的事情。但讓麥琪意想不到的是，這次他又猜錯了。

「麻煩你停在兩個臺階那裡，等我一下好嗎？」小男孩跳下車，三步併做兩步跑上臺階，進入屋內。

不一會兒，他又出來了。不過他帶著一個小男孩，那應該是他的弟弟。那位小弟弟，因患小兒麻痺症而跛著一隻腳。他把弟弟安置在下邊的臺階上，緊靠著坐下，然後指著麥琪的新車子對弟弟說：

「看見了嗎？就像我在樓上跟你說的一樣，很漂亮對不對？這是他哥哥送給他的聖誕禮物，他不用花一分錢。將來有一天，我也要送你一部這樣的車子。然後，你就可以看到我一直跟你說的櫥窗裡那些好看的耶誕節的禮物了。而且，你還可以開著它到處去兜風。到你喜歡的大海邊、森林裡……」

麥琪的眼睛濕潤了，他走下車，將那位腿腳不便的小弟弟抱到車上。他的哥哥眼睛裡閃著喜悅的光芒，也爬了上來，於是三人開始了一次令人難忘的假日之旅。

在這個耶誕節裡，麥琪明白了一個道理：給予比接受真的令人更快樂。

有的時候，人們總是在想著：我能得到多少？而很少人會去想：我做了多少，我讓別人得到了多少？

有些上司總會埋怨自己的下屬，工作沒有熱情、沒有積極性，做一天和尚撞一天鐘，甚至以不發獎金、減少福利待遇來「激勵」他們，希望以懲罰來喚起員工們的鬥志。

看完了上面兩個故事，請不要再埋怨你的下屬們在工作上給予你的回報太少，在此之前，你應該仔細地想一想你對他們的關心和付出有多少。你是否給他們創造了可以讓他們舒心工作的環境；當他們工作中有了麻煩，你是不是熱心地幫助他們解決；他們生活中有了不幸，你是否用自己的愛去溫暖他們。

Chapter 3

行百里者，半九十

——堅持，堅持，再堅持

第1節 做夢的價值為零

人這種動物是有惰性的，惰性就具體表現在做事拖拖拉拉上面。做事拖拖拉拉，主要就是指制訂成功的計畫不去採取行動，也包括已經瞭解到自己的缺點而不去改變。而這些都是成功的天敵。

做事情拖拖拉拉，就是指把不愉快或者已經成為負擔的事情，推遲到將來再做的行為。更嚴重的是，這樣久了，拖拖拉拉就成為了習慣。不管做什麼，如果不拖拖拉拉，他反而不習慣了。所以，如果你是這樣的人，從今天開始，你就應該意識到，做事拖拖拉拉，實際上是在浪費你的生命。所以，如果你只是活在自己的夢想之中，活在計畫之中，這其實也是在浪費你寶貴的生命。

對一個人來說，過去或現在的情況並不重要，將來想要獲得什麼成就才最重要，除非你對未來沒有設想。

心理學家告訴我們，人真正追求的目標並非是一種安逸的生活狀態，而是朝著目標竭盡全力地努力，這才是一個人的價值真正所在。為了實現目標，百分之百地耗盡自己的生命，是一個人最大的喜悅之一。

台塑企業首腦王永慶是臺灣的巨富之一，他所經營的塑膠、纖維和合板等行業共有十多家分公司，資產總值20多億美元。但是多年以前，王永慶不過是一家米店的小工，家貧如洗。他是如何創業成功的呢？

一次，在美國華盛頓企業學院演講時，王永慶談到了他一生坎坷的經歷。他說：「先天環境的好壞，並不足奇，成功的關鍵完全在於一己之努力。」

15歲時，王永慶小學畢業被迫輟學，一個人離鄉背井，來到臺灣南部的一家米店做小工。聰明的他每天在完成送米的工作外，還悄悄地觀察老闆怎樣經營米店，學習做生意的本領。第二年，16歲的王永慶請求父親幫他借了200元臺幣做本錢，自己在嘉義開了一家小米店。開始經營時困難重重，因為附近的居民都有固定的米店供應，王永慶只好一家一家去走訪，好不容易才爭取到幾家住戶同意試用他的米。王永慶知道，如果服務品質比不上別人，自己的米店肯定會關門。於是，他全力以赴，在「勤」字上下功夫。他把米中的雜物一粒一粒撿乾淨，有時為了一分錢的利潤寧願深夜冒雨把米送到用戶家中。他的服務態度使使用者非常滿意，主動替他宣傳，介紹新的客戶。接著，王永慶為了改善純粹賣米的困境，自己開設了一個碾米廠。當時他的隔壁也有一個碾米廠，而且條件比他的碾米廠要優越許多。為了與這家碾米廠競爭，他每天工作十六、七個小時，業務上終於勝過了那家碾米廠。到了上個世紀50年代中期，王永慶已經成為富甲一方的大商人，但他仍不滿足，仍在全力以赴地奮鬥著。他看到燒鹼生產過程中有70%的氯氣棄而不用，為之可惜，就打算廢物利用，於是便籌集了50多萬美元，創建了臺灣第一個塑膠公司。

塑膠這一行業對王永慶來說是完全陌生的，當時有一個化學家還譏笑他肯定會破產。王永慶認準了就絕不放棄，他發誓要把塑膠事業辦成功。當時日本生產的塑膠充斥臺灣市場，品質好價格低，臺灣生產的塑膠產品很難匹敵。這時候一些股東心灰意冷，紛紛要求退股，台塑面臨著夭折的危險。但這時候，王永慶毫不退縮，他變賣了自己的所有產業，毅然購買了台塑的所有產權，獨立經營。王永慶分析了台塑公司不景氣的原因，除日本產品的競爭外，還由於臺灣地區的需求量極為有限，而「台塑」產品則明顯供過於求。面對困境，王永慶果斷決定繼續增加生產。他認為大量增產可壓低生產成本及售價，以便吸引更多的國內外客戶。在增加產量的基礎上，王永慶籌集資金70萬美元更新設備，改造生產技術。經過全力以赴、艱苦卓絕的努力，王永慶終於如願以償，達到了增加產量、提高品質、降低售價的目的，逐漸打開了國內外市場。

企業發展到一定規模後，他看出由於人多事雜，單靠人力來管理控制是不夠的，必須依靠組織的力量來推動，依靠制度的力量來管理。為了使台塑企業合理化經營，王永慶在集團成立了「經營管理委員會」，探討如何改進各公司經營問題以及如何培養和使用人才、實行分層負責制的問題。

王永慶特別強調：「企業的經營者應摒棄一些惰性與雜念，從本身開始，痛下一番心理建設的功夫，踏實地從艱難的、根本的、比較乏味的管理問題著手，逐步引導其企業走向合理化經營的坦途，捨此而外別無他路。」

王永慶的全力以赴終於有了收穫，台塑公司每年營業額超過了10億美元。同時，隨著電腦的逐漸普及，王永慶又和美國惠普科技公司合作創建電腦軟體公司，向資訊產業進軍。

台塑公司之所以成為臺灣最大的民間綜合性企業，根本原因在於其首腦王永慶不懈的奮鬥與努力，一步也不放鬆，一點也不偷懶。王永慶說：「管理合理化的過程是艱難的、緩

慢的，但效果卻是根本的、無限的。要懂得這些道理並不難，問題是人的惰性往往在不知不覺中引導著追求舒服的、易行的經營方式，又由於惰性使然，在因循苟且之間存在天真的幻想，耽於表面的功夫，這種心智的障礙比科技的落後更可怕、更無可救藥。」

做事拖拉、總是沉浸在夢想中的人，最喜歡的事情就是要花很多時間思

考要做的事情，擔心這個擔心那個，找藉口推遲行動，同時，又因為自己沒有完成任務或者沒有改變某個缺點而懊悔。本來，在這段時間裡，他們完全有時間把自己擔心沒有做的事情做完，或者把沒有改正的缺點改正過來。

然而，他們就是不能將自己的計畫轉化為行動。

治療這種疾病的靈丹妙藥就只能是：立刻採取行動。

如果你因為工作上失誤而煩惱，應採取的行動是：使自己更埋頭努力，專心於把目前的工作做得更好、更完美。

不要老想著不勞而獲，否則會使你一無所獲。

每個人都會做夢。每個人都夢想著自己能夠創業成功，而且，有些人關於自己的創業計畫想得頭頭是道，第一步應該籌集資金，第二步是開辦企業，第三步是做好經營管理，第四步是在用人方面一定要知人善任……

可是夢想終歸是夢想，計畫終歸是計畫，而目標終歸是目標，它們都能變為現實，但卻都不是現實。在目標和成功之間，在夢想與現實之間，在計畫和結果之間，需要的是兩個字：行動！

第2節 學會利用自己的時間

我們每個人的生命都有終結的一天，每個人的時間都是有限的，同樣的每個人每天面對的都是24小時。怎麼好好利用著有限的24小時，怎麼讓自己在這段時間裡完成最多的工作，把事情做到最好？這就要求我們學會利用自己的時間，不會利用時間的人總是事倍功半，會利用時間的人則可事半功倍。

（1）有效地進行時間管理。這就要求我們必須對時間做一個合理的分配，然後按照自己的計畫去執行，把不可控的時間變成可控的，並且我們要在這可控的時間裡完成我們規劃好的事情，切忌把時間切成零星的碎片，同時也要避免集中的過多，造成浪費。

（2）計算時間成本。我們常說時間就是生命，時間就是金錢，因此時間也是有成本的，我們可以用合適的最小的時間單位來計算時間，這樣就更有利於我們珍惜自己的時間，並且充分的利用時間。

現在讓我們來看一個例子來計算時間成本：

假設一個公司平均每人月收入1,800元，這1,800元佔每人每月創造新價值的27%，則每人每月創造新價值為1,800÷27%=6,667元。每人每天工作8小時，每月工作23.5天，則每人每月工作時間為8×23.5×60=11,280分鐘。每人每分鐘創造的價值6,667÷11,280=0.59元。如果辦一件事，需要3個人工作5天，則辦此事的成本為3×5×8×60×0.59=4,248元。

（3）分清事情的輕重緩急。人的精力是有限的，所以我們應該把主要時間花在要做的事情上去，抓住關鍵性工作，將工作分門別類，有效的提高工作效率和時間利用率。

（4）在最佳的時間處理最緊急的事情。生物學家透過研究告訴我們，一個人的精力狀況在不同的時間裡是不同的，有著明顯的規律，呈週期性變化。因此一個合格的管理者就應該找出自己最佳的工作時間，來處理最緊急的事情。

（5）細化常規工作，並制訂相對的制度規範。將瑣碎的工作標準化，有利於我們保持優化的工作秩序，使自己的工作有條不紊地進行。

（6）把握今天，抓住現有的時間。日本效率專家桑名一央指出：「昨天已是無效的支票，而明天是預約的支票，只有今天才是貨幣，只有此時此刻才具有流動性。」所以我們一定要珍惜今天，今日事今日畢。明朝文嘉有《明日歌》：「明日復明日，明日何其多，我生待明日，萬事成蹉跎。世人若被明日累，春去秋來老將至。朝看水東流，暮看日西墜。百年明日能幾何，請君聽我明日歌。」

（7）充分的利用閒散的時間。在一天當中有很多零碎的時間，這些零碎的時間主要是指不構成連續的時段，在兩件事情之間的空餘時間。我們將這些時間進行整合後可以很好的增加工作密度，加快工作節奏。

（8）當我們全神貫注，集中精力做某件事情的時候，我們並不會感到時間不夠用，也不會覺得特別的累，我們相信自己會騰出更多的時間來做更多的事。

（9）複合工作法。我們人的大腦被劃分成不同的區域，每個區域負責不同的工作，可是對我們而言十分有利的是兩個以上的區域可以同時進行工作，因此我們可以同時進行兩件事情，當然此事不可以經常為之。

（10）充分利用外物。這裡的外物主要是指那些可以幫助你節約時間的工具，如計算機、個人備忘錄、電話、桌曆等等。這些工具方便適用，可以幫助我們提高工作效率。

我們只有學會利用自己的時間，才能事半功倍。

第3節 你想越過高牆，先把帽子扔過去

一天，幾個小孩比賽翻牆，有個叫小志的男孩翻了幾次，都沒有成功。他正要離開時，一位老爺爺走過來說：「小傢伙，別洩氣，這牆你能翻過去了。」

小志搖了搖頭。

老爺爺說：「你想翻過去，我有辦法。」說著便摘下小志頭上的帽子，順手扔過了牆。

小志一看，別的小孩都走了，惱怒地叫嚷：「壞老頭，你是個壞老頭！」

「說啥也沒用，你現在必須翻過去，才能拿到你的帽子。」老爺爺說完揚長而去。

這時，小志面對高牆，不翻也得翻，經過幾番努力，終於從高牆上翻過去了。

小志長大後，在新加坡開辦了一個紡織廠，不幸的是一場大火把工廠燒成灰燼，一夜之間他又變成了窮光蛋。他只好決定返回寧波老家去，想在那裡過個平安日子。就在動身時，他忽然想起小時候翻牆撿帽子的事。頓時，眼前一亮，於是便產生了背水一戰的決心，最終取消了回家的念頭。他帶著兩個夥計來到馬來西亞的一個島上，先在一家農場打工，經過10年的打拼，終於創建了自己的農莊。後來，他深有感觸地說：「老爺爺扔了我的帽子，我卻撿回一個智慧。」

不給自己留後路，將自己逼入「死胡同」，就好比打仗時背水一戰。傳說從前有個將軍，以寡敵眾，為求必勝，他將士兵用船載往敵岸，卸下裝備之後，便下令燒船。拂曉攻擊之前，他嚴肅地對士兵們說：「你們都看見了，我們所有的船隻都燒毀了。現在我們沒有任何的退路，這一仗我們是非勝不可，否則我們沒有一個人可以活著離開這裡。我們現在只有兩條路——不是勝利，就是死亡，再無其他的選擇。」

戰鬥打響了，士兵們表現出從來沒有過的英勇。經過一天一夜的浴血奮戰，他們以少勝多，贏得了勝利。

一個目標一旦確立，不在奮鬥中死亡，就在奮鬥中成功。人在絕境或沒有退路的時候，才容易產生爆發力，展示出非凡的潛能。

美國傑出的心理學家詹姆斯的研究顯示：一個沒有受逼迫和激勵的人僅能發揮出潛能的20％～30％，而當他受到逼迫和激勵時，其能力可以發揮80％～90％，相當於前者的3～4倍。許多有識之士不但在逆境中勇於背水一戰，即使在一帆風順時，也用切斷後路的強烈刺激，使自己在通向成功的路上立起一塊塊勝利的路標。巴金一生靠稿酬生活，他該拿的職務工資為什麼不去拿？居禮為什麼只要實驗室，而不要頒發的勳章？愛因斯坦為什麼要拒絕當總統，而要獻身科學？他們這麼做，就是自己逼迫自己去跨越人生的「高牆」。

人生有所得必有所失，有所取必有所棄。只有不斷地超越「高牆」，才能發現可能的境界，進而進入不可能的境界。

中國偉大的地理學家徐霞客，就是一位勇於跨越人生「高牆」的成功者。他的一生，大部分是在旅途中度過的。他登懸崖、攀絕壁、涉洪流、探洞穴，歷經了無數艱難險阻。他在遊嵩山時，向當地人打聽下山的道路，人家告訴他，下山的路有兩條：一條是平坦的大路，另一條是險峻的小道。他毫不猶豫地選擇了後者，出沒於陡岩叢莽中，經過艱難的跋涉才到山下。經歷了這番艱險，他感慨地說：「人家說嵩山沒有什麼可遊的，正是沒有看到險峻的地方。」他的話道出了一個成功者的智慧。徐霞客在人生的道路上不斷地激勵自己，逼迫自己，主動地給自己製造逆境，終於越過了「高牆」，看到了自然界的美景。他撰寫的《徐霞客

遊記》是世界上第一部系統研究岩溶地貌的科學著作，比歐洲人的此項考察，早了兩百多年，人們評價這部遊記是「世間真文字、大文字、奇文字」。

成功是個人的選擇，只有選擇成功的人，才能成功。如果我們想在最惡劣、最不利的情況下取勝，最好把所有可能退卻的道路切斷，有意識地把自己逼入絕境，只有這樣才能保持必勝的決心，用強烈的刺激喚起那勇於超越一切的潛能。

失敗也是個人的選擇，失敗者是因為放棄了成功的選擇而失敗。有些人自甘埋沒，對身邊的一切事情都做低調處理，以為這最保險、最穩妥，殊不知這正是在埋沒自己的才能。與其說失敗、逆境可怕，不如說留下退路更可怕。一個人天天想著退路，事事考慮穩妥，這個人十之八九會失敗。

這個世界永遠有新的「高牆」立在你的前面，有新的領域等待你去征服，關鍵是你敢不敢把「帽子」扔過去。只要你敢扔，就預示著離成功進了一步。

第4節 鍥而不捨才能成就傳奇

霍華・蕭茲（Howard Schultz）是咖啡吧大王，他的公司在美國各地有1,500多家分店，雇用近3萬名職員。他談起自己白手起家的奮鬥史時說：

小時候我住在紐約市布魯克林房租低廉的住宅區。有一天夜裡我躺在床上思量：要是有個水晶球能窺見未來，我會怎麼樣呢？不過我迅即拋開了這個念頭。我明白自己的人生仍然漫無目標，只知道必須設法離開那裡，離開布魯克林。

後來我有幸上了大學，卻不知道下一步該怎麼走，也沒有人為我指點迷津。我的父母都是勞工階層，每天都必須為生活操勞而無暇顧及我。

我發現自己善於推銷，便進了一家瑞典人開辦的家庭用品公司工作。我表現出色，28歲就晉升為副總裁，薪資優厚。我買了一棟住宅，又娶了個如花似玉的妻子，生活舒適愉快。

一般人有了如此成就，也許會志得意滿，我卻還想更上一層樓，決意要主宰自己的命運。就在這時候（20世紀80年代初期），一個奇特現象引起了我的注意。西雅圖有家從事零售業的小公司向我們大量訂購滴濾式咖啡壺。這公司名叫「星巴客咖啡連鎖公司」，雖只有4家小店，但向我們買這種產品的數量卻超過百貨業巨擘梅西公司。

當時美國各地普遍使用電氣咖啡壺，何以此器具在西雅圖那麼受歡迎？為了查明原委，我前往西雅圖。

星巴客咖啡連鎖公司的總店樸實無華，卻別具風格。我一推開店門，濃郁醉人的咖啡香氣便撲鼻而來。木櫃檯後面有一排箱子，分別裝盛著從世界各地進口的咖啡。靠著牆的貨架上擺滿各種咖啡用具，包括我想見的滴濾式咖啡壺。櫃檯服務員用勺子舀出少許蘇門答臘咖啡豆磨成粉，倒入滴濾式咖啡壺的濾格，淋下熱水，沖一杯咖啡供我品嚐。他把杯子遞過來，咖啡的香氣籠罩了我的臉。我淺嚐了一口。

「哇！」我心裡讚嘆，不由得兩眼圓睜。這是我有生以來所喝過的最濃烈的咖啡，以前喝的咖啡相比之下像洗碗水。當晚，我跟星巴客咖啡連鎖公司的股東喬治一起吃飯。我以前從未見過有誰像他談咖啡那樣談論某種產品。喬治不只是努力推銷，他和合夥人都相信，他們所賣的都是顧客會喜愛的東西。這樣的經商態度令我耳目一新，也為之折服。

我想說服喬治雇用我——老實說，此舉似乎並不明智。我如果去星巴客咖啡連鎖公司上班，就必須辭去現在的職位。而我妻子也必須放棄現在的工作。我的親友，尤其是母親，都認為我的想法沒有道理。

我考慮的是失去了保障。我不禁想起7歲那年父親工作時摔斷踝骨，在家裡待了一個多月的往事。他的職業是開卡車運送尿布，不上班就沒有了工資，我們一家人的生活頓時陷入困境。

他一腿裹著石膏頹然坐在長沙發上的情景，至今仍深深印在我的記憶中。但是，對我來說，星巴客咖啡連鎖公司有不可言喻的吸引力。

其後我在一年之內又找藉口去了西雅圖幾趟。1982年春天，喬治邀我去會晤公司董事長史蒂夫坦南．南瓦爾德。會晤時氣氛極好。我告訴他們，我曾經用星巴客咖啡連鎖公司的咖啡招待紐約的朋友，嚐過的人都讚不絕口。我又指出，這公司其實可以大展鴻圖，發展成為全國最大企業。

三位股東似乎很欣賞我的見解。第二天我回到紐約，急切等候喬治的電話。但是他們決定不雇用我。喬治說：「你的計畫好極了，只可惜不符合我們經營星巴客咖啡連鎖公司的方針。」

我對星巴客咖啡連鎖公司的前途仍深具信心，不想就此甘休。

第二天我又打電話過去。「喬治，」我說，「這不是為我自己想，而是為你們公司……」他傾聽著，然後沉默了一陣。「讓我再想一晚，」他說，「我明天給你回音。」

次日早晨，電話鈴一響我就拿起聽筒。「我們決定雇用你，」喬治說，「什麼時候來上班？」

許多人一遇到障礙就打退堂鼓，但是我不會這樣，我一旦有了目標，就一定會鍥而不捨，全力以赴。我如此堅毅，一方面是憑著滿腔熱忱，另一方面是不畏懼失敗。我常常想起父親坎坷的一生。他為人誠懇、工作勤奮、愛護兒女，卻一直不能掌握自己的人生方向，抱憾終生。

進星巴客咖啡連鎖公司一年之後，由於另一件事，我的人生又有了大轉變。我去義大利米蘭參觀國際家庭用品展覽，第一天早晨便注意到會場裡有個小小的蒸餾咖啡吧，櫃檯後面有個高瘦的男人在笑吟吟地招呼顧客。

「蒸餾咖啡？」他問，然後遞給我一杯。我啜飲三口就喝光了，不過咖啡的香濃至今難忘。

那天我見識了義大利咖啡吧的浪漫和營業作風，我於是開始動腦筋。我們何不開設咖啡吧，論杯賣咖啡，讓他們不必自行研磨沖泡也能喝到我們的咖啡？

回到西雅圖後，我向老闆提出此計畫，他們卻不以為然，強調星巴客咖啡連鎖公司是零售業者，不是餐廳或酒吧。他們還指出公司很賺錢，何必冒風險另闢蹊徑？

我對公司當然應該忠心，可是我對咖啡吧計畫也充滿信心，認為值得一試，因此左右為難。之後，我決定實行自己的計畫。在妻子的支持下，我於1985年冬天離開星巴客咖啡連鎖公司，創辦了「伊爾·喬爾納萊公司」。

不到半年，我們在西雅圖開的小店每天都有1,000多位顧客光臨。第一家開張6個月後，我們開了第二家，然後在溫哥華開了第三家。

1987年3月，喬治決定出售咖啡連鎖公司，我一聽到消息，就知道非承購不可。伊爾·喬爾納萊公司的股東都表示支持。於是四、五個月後，星巴客咖啡連鎖公司便歸我所有。我有了實現雄心壯志的機會，也肩負了將近100人的希望與憂慮，心裡既振奮又恐懼不安。就在這時候，我父親病入膏肓。1988年1月，我回家去見他最後一面。那是我生平最悲傷的一天。他沒有積蓄，沒有養老金，更糟的是，他不曾從工作中體會過尊嚴和成就感。

看完了上面的故事，你有何感想？是啊，大多數人就像霍華的父親，一生默默無聞，為生活奔波不已。其實有時候你看準了目標，並鍥而不捨地堅持下去，你就會創造奇蹟。

第5節 堅持，不達目的不罷休

在一間工具房中，有一些工具聚在一起開會，大夥商量要怎樣對付一塊堅硬的生鐵。斧頭首先耀武揚威地說：「讓我來，我可以一下子就把它解決了。」於是斧頭很用力地對著鐵塊砍下去，可是，只一會兒的工夫，斧頭便鈍了，刃都捲了起來。

「還是我來吧！」鋸子信心十足地說著，它用鋒利的鋸齒在鐵塊上來回地鋸，但是沒有多久，鋸齒都鋸斷了。

這時錘子笑道：「你們真沒用，退到一邊去，讓我來顯顯身手。」於是錘子對鐵塊一陣猛錘猛打，其聲震耳。但錘了好久，錘子的頭也掉了，鐵塊依然如故。

「我可以試試嗎？」小小的火焰在旁邊請求說。大家都瞧不起它，但還是給它一個機會試試。

小火焰輕輕地圍著鐵塊，不停地燒，不停地燒。過了一段時間，在它堅韌的熱力之下，整個鐵塊終於燒紅，並且完全熔化了。

小火焰的恆心提醒你了嗎？想一想周圍的成功者和失敗者，你經常會發現，有的人很聰明，卻毫無建樹，而有的人雖然生性駑鈍，卻常常有所成就。其中的奧祕就在於笨人能堅持不懈地來彌補自己的缺陷。而聰明人常自以為是，忽視了持之以恆的重要性，常常輕易就選擇了放棄。

許多人都讀過一則經典故事。

1948年，牛津大學舉辦了一個「成功祕訣」講座，邀請到了當時聲譽已登峰造極的偉人邱吉爾來演講。三個月前，媒體就開始炒作，各界人士引頸等待，翹首以盼。

這一天終於到來了，會場上人山人海，水洩不通。全世界各大新聞機構都到齊了。人們準備洗耳恭聽這位大政治家、外交家、文學家的成功祕訣。

邱吉爾用手勢止住大家雷動的掌聲後，說：「我的成功祕訣有三個：第一是，絕不放棄；第二是，絕不、絕不放棄；第三是，絕不、絕不、絕不放棄！我的演講結束了。」說完就走下講臺。

會場上沉寂了一分鐘後，才爆發出熱烈的掌聲，經久不息。

沒有失敗，只有放棄，不放棄就不會失敗。

失敗是對韌性和鋼鐵意志的最後考驗，它能把一個人的生命擊得粉碎，或者使它更加堅強。

倫敦曾有一個貧窮的青年，決心要拜訪每一家商業公司和機構的每一間辦公室，不管需要花費多長的時間，直到他找到一份工作為止。然後，他就出發了，在後來的歲月裡，他經歷了大多數青年都會徹底絕望的艱難情形，但他仍然沒有放棄。後來有一天，他又進入了一間新的辦公室，那裡的人告訴他說他們不會雇傭沒有經驗的人，並且問是誰介紹他到這裡的。

青年告訴辦公室裡的一位老先生，沒有人介紹他，但他決心要拜訪每一間辦公室，直到找到一份工作為止。瞭解這種情況後，這位老先生非常欣賞他的勇氣，於是，這個青年被留了下來。事實證明，這個孩子非常出色，從那時起，他一直在那家公司工作，並且有著傲人的業績。

正是這種永不放棄的精神，使這個青年產生了奇蹟般的力量，而正是這種力量幫助他取得了成功。可見，沒有什麼是不可能的，只要我們永不放棄，只要我們鍥而不捨地堅持到底，就一定能天從人願，取得成功。

如果我們天生沒有永不放棄這種韌勁，那麼我們一定要在後天培養它。有了這種素質，我們才能成功，才能戰勝困難，才能克服消極、懷疑和彷徨的情緒，才能具有自信。沒有這種素質，即使擁有最為卓越的天賦也不能保證我們的成功，而且很可能會敗得一塌糊塗。

許多人的失敗不在於駑鈍，而常常在於缺乏堅持。

第6節 堅持——有效的時間化做行動

如果一種生活模式、生存規則和行動法令使你完全失去人格、尊嚴和自由，使你喪失了展示生命價值的一切機會，那不妨奮起反抗，打破這規則、模式和法令，以求獲得新生，為自己確立應有的地位和名譽。規則和法令是可以打破的，一個人遵循一種規則和法令達到愚昧的程度，那規則和法令本身便是在犯罪。女性要得到自我，那就去奮力抗爭，在一種習俗的模式面前，沒有現成的財富、權力、人格和尊嚴降臨。女性創業成功的公式：

成功=膽略＋自律＋時間＋方法

當一個設想自己成為總經理的創業者，產生了固定的權力慾望後，衝動會使權力慾望在毅力的保護下向固定目標前進。一個人創造權力和地位以及其他勢力的最大祕訣是什麼？大概沒有人做出定論，但有一個普遍規律，那就是行動的嚴謹，即行為意念力。行為意念力來自於生命意識之中的衝動區間，潛意識裡最強大的力量其實是屬於衝動傾向，一個人過分地抑制衝動等於抹煞自己的天賦才能，良好傾向的衝動力產生行為意念力。行為意念力不是一種看不見的虛幻，而是一種權力實體。形成行為意念力，轉化為權力實體——即行使職權產生的一切結果。這種結果不論你為集團實體創造了百萬財富，還是使集團實體損失了百萬財富，它都是權力實體。當創業者權力慾望最強烈的時候，行為意念力就會被某種衝動所驅使，透過一定規律的動力進程，轉化為權力印象。人的行為意念力是人們主宰自己的支點。所以，能夠掌握行為意念力的創業者必然是自己命運的舵手，也是靈魂的使者。

人的行為意念力的強烈程度，規定著人所有行動中的成敗和大小結果。不要以為行為意念力可有可無，人沒有行為意念力就等於沒有性意識，而性意識又是行為意念力的基礎。毫無堅強毅力和實踐意志的人，根本不相信行為意念力會轉化為權力實體，認為應用行為意念力創造權力是不可能的。這種人缺少的是行動的衝動和創造的熱情。成功的創業者之所以在無限的成功中顯示自己的威力，就是因為他有衝動和熱情製造成功的行為意念，當某種事情誘使他行動之前他就已經有了成功的前提力量。而失敗者卻永遠沉湎於失敗的行為意念力，試想一個經常想著失敗或在潛意識中感受著失敗滋味的人，做什麼

事會成功呢？

人的行為意念力是無窮無盡的，選擇什麼樣的座標和方向，便產生什麼樣的權力實體。如果能夠得心應手地掌握行為意念力，便能得心應手地行使權力實體。權力實體對創業者還是其他任何人的生命來說，是一種最輝煌的無限展示。

在人類社會這樣一個龐雜的集團裡，具有權力實體的人物只是很小的一部分，大多數人是在一種常規狀態下行使生命的職責，享受生命的苦痛和歡樂，只有少數懂得應用行為意念力的人，在影響這個世界，他們是人類社會的真正操縱者，不論在破壞還是在創造，他們的行為影響著人類社會向大和化發展的進程，人類社會不是人的組合，而是思想和情緒的網路，思想和情緒都來自於行為意念力，在權力實體中，思想和情緒是兩大動力體系，由於這兩大體系的存在，權力實體才變得那樣令人敬畏。

第7節 成功就躲藏在最後一步

有這樣一個故事：故事的主角是個年輕貌美的女子，一天，跟隨丈夫在山頂拍照，突然丈夫一腳踩空，隨即向萬丈深淵滑去，周圍是陡峭的山崖，兩手無任何抓處。就在這十分危急的一瞬間，妻子兩手抱住崖邊的樹幹，用嘴咬住了丈夫的上衣。這時丈夫懸在空中，妻子又不能鬆手，只好用兩排潔白細碎的牙齒承受著一個高大的身軀。妻子不停地對自己說：「咬緊牙關，堅持，再堅持！」她美麗的牙齒和嘴唇被血染得鮮紅鮮紅。半個小時後，被遊客發現，才把他倆救上來。這位妻子身單力薄，為什麼會在緊要關頭，爆發出這麼大的承受力和忍耐力？一位生理學家認為：「身體機能對緊急狀況產生反應時，腎上腺能大量分泌出激素，傳到整個身體，能產生額外的力量。」如果從心理方面分析，這種生理現象，產生於人的心智和精神的力量。這位妻子能咬緊牙關，一再堅持，是因為她心裡只有一個念頭：千萬千萬不能鬆口，否則丈夫就會跌進萬丈深淵。人有了心智和精神力量的支配，就連死神也怕咬緊牙關！

要問成功有什麼祕訣，邱吉爾在劍橋大學講演時回答得很好：「我的成功祕訣有三個：第一是，絕不放棄；第二是，絕不、絕不放棄；第三是，絕不、絕不、絕不放棄。」

絕不放棄，就是堅持，它來自於人的毅力。毅力是人類最可貴的財富，在走向成功的路上，沒有任何東西能代替毅力。熱情不能，有一時熱情的人往往在最後一步退縮，這已屢見不鮮；聰明也代替不了毅力，因為世上失敗的聰明人太多了。人有了毅力，就容易成功，沒有毅力，就容易前功盡棄。想想我們做過的事，你就會發現，無論做什麼事，都要經歷一個過程，越是重大的事，經歷的過程就越長。從事情的開始，到事情的終了，然後又是一個開始，又是一個終了。在這一個個過程中，會有開始時的期望和喜悅，接著會有很多困難和挫折，然後更多的時候可能是你一再努力，但卻無法看到成功的曙光。這時候正是「勝利女神」考驗你的時候，就看你有沒有毅力。

被拒絕了1,000次之後，還敢去敲1,001次門的席維斯．史特龍就是靠毅力走向成功的。他在未成名之時，身上只有100美元和一部根據自己悲慘童年生活寫成的劇本《洛基》。於是他挨家挨戶地拜訪了好萊塢的所有電影製片公司，尋求演出的機會。當時好萊塢總共有五百家製片公司，史特龍逐一拜訪過後，沒有任何一家公司願意錄用他。史特龍面對五百次冷酷的拒絕，他毫不灰心，回過頭來，又從第一家開始，挨家挨戶地自我推薦。第二輪拜訪，好萊塢的五百家公司仍然沒有一家肯錄用他。史特龍沒有放棄希望，他堅信「沒有所謂的失敗，只是暫時不成功而已」。他把1,000次的拒絕，當做是絕佳的經驗。接著他又鼓勵自己從1,001次開始。後來又經過多次上門求職，總共經歷了1,855次嚴酷的拒絕，他的毅力終於感動了「勝利女神」——「我不忍心再看你拼命了，你耗盡了多少汗水，我就給你多少喜悅吧！」終於有一家電影製片公司同意採用他的劇本，並聘請他擔任自己劇本中的男主角。

史特龍的希望「兌現了」，電影《洛基》一炮打響，他成了超級巨星，美國新一代的英雄偶像。

19世紀美國西部發現了金礦，夢想一夜暴富的人們蜂擁而至。有個年輕人買了一處礦脈，辛辛苦苦挖掘了一年，竟然刨不出一星金子。結果，他放棄了繼續挖掘，賣掉礦脈，返回故鄉。這礦脈新的所有者，為防萬一，請專家勘察了地質狀況。結果專家回答道：「稍稍再挖一下，金礦就會出現。」新礦主按照專家的指點繼續挖掘後，果然金礦出現了，新的所有者自然輕而易舉地獲得了巨大的財富。

我小的時候常聽父親說：「九九進一，成在其一。」長大以後，才慢慢悟出這「一」的增進包含著許多容易成功的智慧。世上的任何成果，都可以說，是後人接著前人走過的99步後產生的。如果我們能在前人的99%的經驗上，再增加1%的努力，就是走向成功的一條快捷方式。這「一」的增進還告訴我們：無論做什麼，走完了99步，剩下的最後一步就是考驗毅力的一步，只要咬緊牙關，再多一點努力，再多一點堅持，再多一點注意，再多一點思考，再多一點試驗，就能成功。就像賽跑一樣，實力相近的選手奪取金牌往往只是一步或半步之差，而起決定作用的是最後那一瞬間，誰在最後能爆發出巨大的潛能，誰就是勝利者。

哲人說：「百分之九十的失敗者其實不是被打敗，而是自己放棄了成功的希望。」我們常常發現生活中有許多人做事最初都能保持旺盛的鬥志，在這個階段一般人與傑出的人是沒有多大差別的，然而，往往到最後那一刻，頑強者與懈怠者便各自會顯示出來。前者希望之火不滅，能咬緊牙關堅持到勝利；而後者在這時，被前進路上的迷霧遮住了眼睛，他們不懂或者忘了再忍耐一下，再跨前一步，就會豁然開朗。結果懈怠者在勝利即將到來之前那一刻，放棄了希望，停住了腳步，失去了自己應有的成功。人們都知道，水燒到99℃不算開，最後只要再加1℃，就能突破物理形態的臨界點，從液態變為氣態，不開的水就變為開水。成功和燒水是一樣道理。

Chapter 4

天予不取，反為之災

——抓住機遇，成功在手

第1節 機遇天天來敲門

古往今來，那些既善於創造機遇，又善於抓住機遇的人，往往會取得巨大的成功。

有名的財富聚集地美國，曾經發生過一件有趣的事情。美國的權威報紙《紐約時報》有一天在醒目處刊登了一則廣告，大意是說某海濱城市有一幢豪華別墅公開出售，靠海、向陽、有花園草地，只售一美元。後面還留有聯繫電話及別墅詳細地址等等。

這則廣告連續刊登了一個月，也許是無人問津，這則廣告又刊登了一個月。一個退休老人每天看報，連續看到這則廣告。有一天他突然想：報紙上介紹的這幢別墅所在的城市離自己家不遠，這麼多年來，還從沒有聽說過設施這麼好的別墅只賣一美元的，這幢別墅是否跟報紙上介紹的一樣，去看看也許並不吃虧。於是他動身去了那座海濱的城市。

老人按報紙上寫的地址找到了那幢別墅，他簡直不敢相信自己的眼睛，這真是一幢豪華氣派的別墅。別墅的主人是一位老太太，她友好和善地幫這位退休的老人開了門。老人懷疑地看著自己眼前的一切，這何止是有花園和草地的別墅，這簡直就是超級豪宅，他簡直難以想像這樣的別墅會只賣一美元，他順著自己的心意向老太太講明自己來的目的，並不怕出醜。老太太明確的告訴他說：「沒錯，這幢別墅只售一美元！你不用不相信，這是我丈夫的遺產，可是他卻在遺囑中交代我這幢別墅出售後的所得要歸他的情人所有，我真的很難想像自己最愛的丈夫竟然還有情人。所以我決定將這幢別墅以一美元的價位出售，然後將錢按法律程序交給那個女人。」老人大喜過望，他馬上掏出了一美元，準備購下這幢別墅。這時，老太太指了指桌邊一個正在寫著什麼文件的人說：「對不起，先生，他比你早到了一刻鐘，正在簽訂合約呢！」

這下，老人從剛才強烈的好奇一下跌進了深深的懊悔之中，不斷地責怪自己為什麼不早一點來呢？

其實有些時候，一些看似不可思議的事情竟然簡單而又合理。只是在欺詐橫行的今天，我們不相信自己的眼睛，因為我們有太多太多被欺騙的例子。有時，這種思維定勢讓我們在不知不覺中放棄了很多東西。

在我們正常的邏輯裡，一美元也許等同於兩杯可樂，也許是一個麵包，總之它不會等同於一幢靠海、向陽、有花園草地的豪華別墅。正是由於我們懷疑一切的眼睛，讓我們失去了機會。有人曾問存在主義哲學家沙特（Jean-Paul Sartre）對人生有什麼感悟，他回答：「我來了，我做了，僅此而已！」其實真理有時就這麼簡單。

發明了第一臺感應發電機和存儲電能的方法、發現電解定律的法拉第，也是一個很懂得抓住機遇的人。他從小在街上賣報，又在書店和印刷廠當了7年工人，他對科學研究有著濃厚的興趣。有一次他偶然聽說英國皇家學院要為大衛教授選拔科研助手，便去選拔委員會報名，當那些委員聽說他的經歷後都覺得他應該是頭腦發熱才會這麼想。

被拒絕後的法拉第沒有放棄，他來到了大衛教授的大門口，在門前徘徊了很久，終於鼓起勇氣敲響了門，教授微笑地說：「門沒有鎖，請進來吧！」

「教授家的大門整天都不鎖嗎？」他疑惑不解地問。

「幹嘛要鎖上呢？」教授笑著說，「當你把別人鎖在門外的時候，也就把自己鎖在了屋裡。」

經過和大衛教授的詳談，法拉第終於得到了報名參加考試的機會。經過激烈的選拔，這位曾經為裝訂工人的他出人意料地成了大衛教授的實驗室助手。

法拉第的機遇正像他自己所言：「努力了九十九分，包括去敲教授大門的那最後一分。」

其實機遇隨時都在你身邊，就看你有沒有本事爭取。

同樣的一個機會，有的人善於抓住，於是一躍而上，踏上了成功的「天橋」；有的人一葉障目，錯失了眼前晃動的機緣，結果一生碌碌而過。當然光有才能還不夠的，我們必須要努力的創造機會，變被動為主動，努力做好自己應該做的事情。

不要抱怨，不要嘆息，擦亮眼，機遇就在你身邊。

第2節 好風憑藉力，送我上青雲

古語說得好——一個人是唱不了大合唱的，必須借人而成事。由此可見，借人成事是至關重要的，你若忽略這一點，便只能演獨角戲。

在成功學中，「借」的意義何在？在關係網中，「借」是核心。關係網是人際關係的重要部分。把握了「借力」這一核心，就把握了關係網的精髓，就有可能透過借力，完成從沒錢、沒背景、沒經驗邁向成功的轉化。

古之「借風騰雲」、「借屍還魂」、「借腹懷胎」、「借名釣利」、「借力使力」、「借雞生蛋」，無不是講究一個「借」字，講究藉助外部力量而求得發展。帆船出海，風箏上天，無不是「好風憑藉力，送我上青雲」。而人的成功，也需要借力。

香港，做為東亞四小龍之一，這顆最璀璨的明珠，就是憑藉與外國的大公司合營，借別人的知名品牌，借用外國原物料，借用外國公司的銷售管道和銷售市場，從事加工製造，從事出口貿易。憑藉「借風騰雲」的思維，迅速使香港走向了繁榮。

臺灣巨富陳永泰說得好：「聰明人都是透過別人的力量，去達成自己的目標。」

一個人大部分的成就總是承蒙他人之賜；他人常在無形之中將希望、鼓勵、輔助投入我們的生命中，進而啟動了精神世界，常使我們的各種能力趨於銳利。

生命的生長，總是依靠心靈從四處吸收營養，而這種營養，官能的感覺是不能察覺、不能測量的。從耳目中吸收進「力量」，而這種力量的吸收不是取道於官能的視覺、聽覺神經的。一個成功人士，肯定有著良好的人際關係；一個成功人士的背後，肯定有著發達的關係網。

所以，一個人力量有多大，不在於他能舉起多重的石頭，而在於他能獲得多少人的幫助。一幅名畫中最偉大的東西，不在於畫布上的色彩、影子或格式，而是在這一切背後的畫家的人格中——那黏著在他的生命中，那為他們所傳襲、所經歷的一切的總和所構成的一種偉大的力量！

任何人一跨入社會，都應該學會待人接物、結交朋友的方法，以便互相提攜、互相促進、互相尊重，否則，單槍匹馬絕對難以發展到成功的地步。

鋼鐵大王卡內基曾經親自預先寫好自己的墓誌銘：「長眠於此地的人，懂得在他的事業過程中起用比他自己更優秀的人。」

大部分成功的人都有一種特長，就是善於觀察別人，並能夠吸引一批見識過人的良朋好友來合作，激發共同的力量。這是成功者最重要的，也是最寶貴的借人經驗。

任何人想成為一個企業的領袖，或者在某項事業上獲得巨大的成功，首要的條件是要有一種鑑別人才的眼光，能夠辨識出他人的優點，並在自己的事業道路上利用他們的這些優點。

一位商界著名人物，也是銀行界的領袖曾說：他的成功得益於鑑別人才的眼光。這種眼力使得他能把每一個員工都安排到恰當的位置上，並且從來沒有出過差錯。不僅如此，他還努力使員工們知道他們所擔任的位置對於整個事業的重大意義，這樣一來，這些員工無需人的監督，就能把事情辦得有條有理、十分妥當。

但是，鑑別人才的眼力並非人人都有。許多經營大事業失敗的人都是因為他們缺乏辨識人才的眼力，他們常常把工作分派給不恰當的人去做。他們本身儘管工作非常努力，但他們常常對能力平庸的人委以重任，反而冷落了有真才實學的人，使他們埋沒在角落裡。

其實，他們一點都不明白，一個所謂的幹才，並不是能把每件事情做得很好、樣樣精通的人，而是能在某一方面做得特別出色的人。比如說，對於一個會寫文章的人，他們便認為是個幹才，認為他管理起人也一定不差。但其實，一個人能否做一個合格的管理人員，與他是否會寫文章是毫無關係的。他必須在分配資源、制訂計畫、安排工作、組織控制等方面有專門技能，但這些技能並不是一個善寫文章的人就一定具備的。

世上成千上萬的經商失敗者，都敗在他們把許多不適宜的工作強加到雇員的肩上去，卻不管他們是否能夠勝任，是否感到愉快。

一個善於用人、善於安排工作的人，就會在管理上少出許多麻煩。他對於每個雇員的特長都瞭解得很清楚，也盡力做到把他們安排在最恰當的位置上。但那些不善於管理的人卻往往忽視這個重要的方面，而總是考慮管理上一些雞毛蒜皮的小事，這樣的人當然要失敗。

很多精明能幹的總經理、大主管在辦公室的時間很少，常常在外旅行或出去打球。但他們公司的營業絲毫未受不利因素的影響，公司的業務仍然像時鐘的發條機制一樣有條不紊地進行著。他們如何能做到這樣省心呢？他們有什麼管理祕訣呢？沒有別的祕訣，只有一條：他們善於把恰當的工作分配給最恰當的人。如果你所挑選的人才與你的才能相當，那麼你就好像用了兩個人一樣。如果你所挑選的人才，儘管職位在你之下，但才能卻要超過你，則你用人的水準真可算得上高人一等。

關於成事之借，有許多經典說法。例如，荀子說：「藉助於車馬的人，不必自己跑得快，卻能遠行千里；藉助於舟船的人，不必自己善水性，卻能渡江河。君子生性與別人無異，只是因為他善於藉助和利用外物，所以就不同了。」荀子有「君子性非異也，善假於物也」的東方智慧，牛頓有「踩在巨人肩上」的西方智慧。

既然這是古今中外都認同的真理，我們何不遵循呢？要想成功，必須學會借力，從現在開始準備吧！你一定會成功。

第3節 為自己創造機會

所謂的機會，是要自己去創造的。——拿破崙

曾經聽到過這樣一個故事：有一個人，在沙漠中行進了數日，身上所帶的水已經喝完了，口渴得直冒煙。當他快要走出沙漠時，剛好遇到了一位推銷員，勸他買一條領帶。他十分生氣地對推銷員說：「你行行好吧！我渴得連襯衫都想撕開了，還買什麼領帶！」推銷員討了個沒趣便走開了。

這個可憐人總算在沙漠邊上的一個小鎮上找到了一家酒吧，他迫不及待地要衝進去，對門口的侍者說：「快給我點什麼喝的吧！」他的喉嚨都快乾啞了。「對不起，先生，不打領帶者是不許進入的。」這個侍者很有禮貌地拒絕了他的要求……

大家一定覺得很好奇，這個和機會有關係嗎？其實你想想那個推銷員其實在不經意間就給了旅者一個可以得到水的機會，但是因為旅者的拒絕，他沒有得到自己最終想要的。機會也好，機遇也罷，都是留給有準備的人的。如果這個旅者在很久之前就學會收斂自己的脾氣，禮貌待人，那麼他絕對不會喪失這次機會，會得到自己最想要喝的；可是就是因為

這個人的急脾氣，他沒有領帶，無法入門得水。

我以前有一個同學，她在大三下學期就準備考研究所，認為那就是自己的未來，因而她放棄了當時在學校電子商務基地實習的機會。那時的她是很受老師重視的學生，學習能力強，自主性也很強，領悟力又超高，自己已經能獨立完成很多網站的設計。因而她當時也很為難，可是有得有失的道理她還是懂的，所以不得不放棄那麼好的機會，投入到廣大的考研大軍中。可是事情往往並不是那麼順人心、隨人意的，她並沒有取得自己理想的成績，考試失敗。

那時離畢業還有不到半年時間，她能做的，也就是找工作了。可是自己一年多沒有接觸電子商務相關的東西了，原本的業務也並不熟練，她陷入了極度的焦慮中。可是她並沒有讓這種狀況持續太久，她是一個很懂得合理安排生活的人，並且懂得為自己爭取機會。還是有矛盾的，她想到的最好的辦法是找到自己曾經的指導老師，讓他為自己介紹幾個技術好的學長或學姐幫一下忙，最好再幫她找個比較好一點的工作，呵呵，當然最好的是介紹個可以的公司。但是當初是她主動放棄了唾手可得的工作機會，放棄了老師的栽培，選擇了另一條道路，所以她不知道怎麼面對老師。時間已經不允許她考慮太多了，也許可以試一下，試了至少還有成功的機率，可是不試的話就真的什麼都沒有了。

於是她鼓起勇氣打電話給老師，委婉地說出了自己的處境和要求。結果如何呢？呵呵，可想而知，面對曾經的愛徒，我們的老師答應了她的請求，並且主動為她聯絡了公司。

現在，我的同學已經在一家知名的網站擔任SEO的工作，年薪20萬。每當她回想起那段經歷時都會感嘆，如果自己當時喪失了勇氣，就沒有了進入公司的機會，就沒有了現在的自己。

她是個懂得創造機會的人，深刻理解那句「膽大飄洋過海，膽小寸步難行。」與人保持很好的關係，在最恰當的時機找恰當的人尋求幫助。雖然在開口之前也曾退縮過，也承受著莫名的壓力，但她仍然開口了，為自己今後的成功創造了機會。

機會不是求來的，是給懂得創造的人。想在三十歲成功嗎？那就創造任何可以使你成功的機會，並緊緊抓住它。

第4節 做人互助才能辦事順利

常常掛在「紅頂商人」胡雪巖口頭的「花花轎兒人抬人」，是一句杭州俗語，指的是人與人之間離不開相互維護、相互幫襯。人抬人，人幫人，人要辦的事才會順利，人的事業才會發達。

話雖如此，真正窺得其妙並加以運用的人卻並不多。在某些特定的情況下，想成就一番事業，少不得要藉助眾人拾柴之勢。複雜的人際關係有時是個包袱，但只要用得巧妙，也可以成為一塊成功之路的叩門磚。「相互幫襯」正是一個幫人幫己的訣竅。

當年，胡雪巖扶助王有齡做了湖州知府，他在開辦錢莊之初就有讓自己的錢莊代為打理府庫銀兩的打算，也有了著落。但是，真正要使這一打算變成現實，還要過一關，就是要打通錢谷師爺的路子。舊時的州縣衙門，都有錢谷師爺和刑名師爺。師爺名義上雖只是州縣的幕友，但由於這些人都師承有自，見多識廣，常常是州縣官們也不敢輕易得罪的角色。師爺向來獨立辦事，不受東家干涉，表面平和的還與州縣老爺敷衍一下，專斷的甚至對州縣老爺置之不理。所以，胡雪巖要代理湖州府庫，也就不能不籠絡他們延請的錢谷師爺。

在籠絡師爺的過程中，胡雪巖和王有齡就演了一齣「花花轎兒人抬人」絕好的雙簧。王有齡署理湖州正是端午期間，這個時間給胡雪巖提供了一個機會。他打聽好已經接受延請到湖州上任的刑名、錢谷兩位師爺在杭州的家眷所在，送去節下正需要的錢糧。不過他是以王有齡的名義送的。這兩位師爺自然要感激王有齡的好意，但等到他們拜謝王有齡時，王有齡卻說這原是胡雪巖的心意。這一來，師爺不僅見了胡雪巖的情分，自然也知道了大人的意思。好事做了一件，交情卻落了兩處。一幫一襯不過言辭之間，卻使得極巧。事實上，這齣雙簧也並不是胡雪巖和王有齡事先商量好要這樣演的，而他們卻不約而同地如此做了，可見胡雪巖、王有齡兩人都深諳這「花花轎兒人抬人」的相互幫襯之道。

相互幫襯往往不在於你幫的心是鉅是細，出的力是大是小，有時候甚至也不過是些惠而不費的小節，比如王有齡、胡雪巖演的那齣雙簧，也不過就是一句話的事情。然而知道這其中的道理，心思用得巧，往往能夠事半功倍。比如胡雪巖和王有齡之間一幫一襯，一下子就收服了人心。例如當胡雪巖和王有齡找到湖州錢谷師爺楊用之，提出要以自己的阜康錢莊代理湖州府庫和烏程縣庫時，楊用之不僅毫不為難地滿口答應，還為他引見了另一個關鍵人物——湖州徵納錢糧絕對少不了的，也絕對不能得罪的「戶書」郁四。而郁四後來實際上也成為了胡雪巖生意上的牢固夥伴和得力幫手。

的確，一個人精力到底有限。經手的事情太多，表面上看來似乎沒有什麼疏漏，也許失察疏漏的地方在不知不覺中已經留下很多。比如胡雪嚴對於宓本常的失察，在典當業上的疏漏，都是在他經手事情太多、生意場面太大的情況下，由於實在顧不過來而發生的。這些疏漏的地方，一定的時候都可能產生不良後果，而且，由於一個人所有的生意動作常常是環環相扣、相互牽連的，有一些因失察留下的疏漏所產生的後果，常常是關鍵性的，並不只是影響某一樁或某一個行當的生意的成敗，它可能使辛辛苦苦建立起來的大廈整個徹底坍塌。

所以，幫襯是多方面的，既需要朋友、同行的幫襯，也需要內部人員的幫襯，這是一個訣竅，也是現代商戰中重要的經營策略。

做人的互助原理是：你在關鍵時刻幫人一把，別人也會在重要時刻助你一臂！初看起來似乎是等價交換。其實，不管你是一個什麼樣的人，都不可能像魯賓遜那樣獨自一人闖天下，尤其是要使自己的人生局面推廣開來，更離不開與各式各樣的人打交道。要想讓別人將來幫助你，你就必須先付出精力去關心別人、感動別人，這樣才能贏得別人回報的資本。因此，高明地做人，必須信守「相互幫襯」之道。

第5節 主動創造機會

在生活中，有的人總希望天上可以掉下一個「大禮物」，最好讓自己接住，把自己送到天堂。但事實上，只有一小部分的機遇偶然可得的，更多的則是靠自己的努力和實力去爭取。

培根說過：智者創造機會。很多有名的商人都因為深刻理解了這一點才取得了成功。

著名的百萬富翁薩利赫父子當年從德國逃亡到美國後，曾在一家縫紉機廠做推銷員。他們一開始可以推銷出很多的縫紉機，而且業績一直不錯，這種銷售趨勢一直持續到第二次世界大戰的爆發。世界大戰爆發後，戰爭的硝煙四處瀰漫，人們的生活一度陷入恐慌和不安中，失業者越來越多，大多數人連生活都出現了問題，哪有人願意買縫紉機呢？他們推銷的數量漸漸減少。

在這期間薩利赫已經看到：由於戰爭的影響，人們的思想也發生了改變，不用說縫紉機行業，其他任何一種行業都正處於半停滯半癱瘓狀態。所以當他的兒子詢問未來的出路的時候，他果斷地回答：「我們需要改行了。」

於是他對兒子說：「我們可以推銷殘疾人用的輪椅。」他的兒子雖然感到疑惑，但還是遵照父親的意思做起了輪椅推銷工作，因為他知道父親有著過人的智慧。正如薩利赫預想的那樣，當世界大戰快要結束時，那些受傷的官兵和傷殘的老百姓，紛紛來購買輪椅，一時間，輪椅成了搶手貨。僅僅在一年之內，薩利赫父子就推銷出去5,000多輛輪椅。

可是這種隨著戰爭到來的輪椅銷售熱並不會維持太久，當戰爭結束後，輪椅的銷量會逐步下降。這個時候薩利赫的兒子說出了自己心中的疑問：「戰爭快要結束了，輪椅恐怕不是那麼好推銷了。」

薩利赫希望兒子可以成為獨當一面的商人，於是並沒有馬上回答兒子的問題，而是反問兒子：「戰爭結束了，那人們想的是什麼呢？」

「想的是美好的生活，因為他們厭倦了戰爭。」兒子回答。

薩利赫這才把自己心中的想法進一步的對兒子進行了說明：「美好的生活靠什麼呢，要靠健康的身體，將來人們要把健康做為重要的追求目標，我們現在就開始推銷健身器材吧！」

這之後不久，年老的薩利赫去世了。雖然當時薩利赫父子的健身器材推銷業績並不太好。但他的兒子依然堅信父親的遠見，推銷健身器材。結果戰後10年多的時間，健身器材開始走俏。由於薩利赫父子捷足先登，厚積薄發，很快，薩利赫的兒子就進入了百萬富翁的行列。

能夠主動發現機會、抓住機會、創造機會的人，往往都具有敏銳的洞察力和預測能力。也許在一開始的時候，我們的這種能力達不到應有的高度，但是我們至少要有這種意識。只有這樣我們才有可能取得最終的成功。

在美國的很多大學裡，經常舉辦一些講座，聽講座的同學總是拿一張硬紙，中間對折一下，形成一個角度，使它可以立著，然後用顏色很鮮豔的筆大大地用粗體寫上自己的名字，放在桌子上，以便於演講者想要進行提問時，能夠看見，直呼其名。原因在於，來講座的人很多是華爾街或跨國公司的高級管理人員，是所在行業的一流人物，如果你有幸被提問，而且回答令提問者滿意或吃驚時，你很有可能就會因此而獲得機會。我覺得這就是創造機遇的一種方式。

確實，在人才輩出、競爭日趨激烈的時下，機會通常不會自動找到你，只有勇於表達自己，讓別人認識你，吸引對方的注意，才有可能尋找到機會，被譽為世界上最偉大的推銷員的吉拉德，總是隨身帶著名片，見到人就遞上一張，有時在觀看體育比賽，當觀眾為運動員的精彩表演而起立歡呼時，他就掏出一把名片隨手撒出，以便為自己創造更多的機會。

能夠主動創造機會的人，是這個世界上真正的強者。一個真正想成功的人，只求抓住機遇還是不夠的，還應當學會去創造機會。

美國運輸業巨頭、著名企業家科特費爾在汽船行業看到了自己的機會所在。他認定自己要在汽船航海方面發展事業。他的這一決定讓家人和朋友十分震驚。他竟然放棄了原本已經蒸蒸日上的事業，到當時最早的一艘汽船上去當船長，而年薪僅為1,000美元。當時，富爾頓已經取得了用汽船在紐約水面上航行的專有權。但科特費爾認為，這項法令不符合美國憲法的精神。他一再要求取消這個法令，並最終獲得了成功。不久之後，他擁有了一艘自己的汽船。

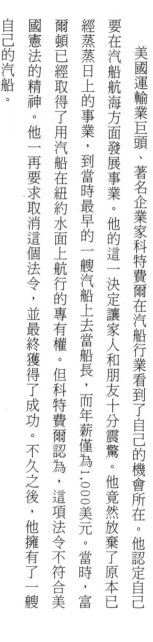

在當時，政府為往來歐洲的郵件要付出大筆補貼，然而，科特費爾卻提出他願意免費送郵件並提供更好的服務。他的這一要求很快就被接受了。靠著這種方式，他很快建立起一個龐大的客運與貨運體系。後來，他預見到，在美國這樣一個地域遼闊、人口眾多的國家，鐵路運輸將會大有可為。於是，他積極投身到鐵路事業中去，為後來建立四通八達的范德比爾特鐵路網奠定了堅實的基礎。

約翰·洛克菲勒在石油行業預見了機會。他注意到，這個國家的人口如此眾多，卻只有極少數人在用電燈。這裡石油儲藏非常豐富，然而由於石油冶煉加工方法十分原始，產量非常低，使用起來也不安全。而這正是他的機會所在。

他先是找到了一個合夥人，一個與他共同工作過的維修工安德魯斯（Samuel Andrews）。到了1870年，利用他的合夥人發明的新的冶煉加工方法，洛克菲勒冶煉出了他們的第一桶石油。由於石油品質好，生意很快好了起來。後來，他們又增加了一個合夥人，名叫弗拉格勒（Henry M. Flagler）。

但是過了不久，安德魯斯表示，他對現狀不滿，希望結束合作關係。洛克菲勒問他：「你想要什麼做為補償呢？」安德魯斯漫不經心地將要求寫在一張紙上：「100萬美元」。不到24個小時，洛克菲勒就將這筆錢遞到了安德魯斯手中，然後說：「你只要100萬美元，而不是1,000萬，要價真的不高。」

在短短的20年中，這個固定資產只有1,000美元的不起眼的小冶煉廠，滾雪球般地迅速成為一個托拉斯——「美孚石油公司」。總資產達到了9,000萬美元，股票價格也升至每股170美元，而公司的市場價值則高達1.5億美元。

缺乏積極進取精神的人總是藉口沒有機會，他們總是喊：「請賜給我機會吧！」事實上，每個人生活中的無時無刻都充滿了機會。老師所講的每一堂課是一次機會；每一次考試是一次機會；每一個病人對於醫生是一個機會；每篇發表在報刊雜誌上的文章是一次機會；每一個客戶是一個機會；每一次交易是一次機會，是一次展示文明禮貌、果斷與勇氣的機會，是一次表現誠實品德的機會，也是一次社交成功的好機會；每一次面對困難都是一次機會。

你存在於現實生活中就意味著上天賦予你奮鬥進取的特權，這是你成功的最好機會。你要充分施展自己的才華，去追求成功，只要你利用好這個機會，沒有不能成功的事情。想一想吧！不幸癱瘓的張海迪尚且能夠透過努力而使自己成為一位傑出的作家，那麼，比張海迪擁有更多機會和自由的年輕人，是不是應該做得更好些呢？

只有懶惰的人才總是怨上天不給自己機會；而勤勞的人永遠不停地奮鬥著、努力著創造機會。有的人不但主動尋找機會，而且還主動為自己創造機會。對強者而言，碰到的每一件小事，遇到的每一個人，都是一個機會，都會讓他們學到更多有用的知識，都會使他們的個人能力更加突出。

人的一生，是風風雨雨、坎坎坷坷的一生，遭遇過無數的對手和敵人，但最強大的敵人並不是外部的，而是我們自己。正如哲人羅蘭所說：「最強的對手，不一定是別人，而可能是我們自己！在戰勝別人之前，先得戰勝自己。」

坐等機會不等於守株待兔。在做好一切準備的同時，應積極主動地尋找機會。機會不會偏愛哪一個人，誰先創造出了機會，成功必定屬於他。

強者把握命運，能把自己的積極想法變為現實，無論遇到什麼困難都會勇往直前。在他們眼中，失敗是一種動力，鞭策他們更為奮發圖強，這種動力是無價之寶，無論誰都不會奪去。

一生中能獲得特殊機會的可能性非常小；然而，機會無處不在，你可以把握住機會，將它變為有利的條件。要想成功，你必須行動起來。

只要你行動了，你就會發現財富就在你身邊，觸手可得。

第7節 把握施展自己才能的機會

在哈佛大學那樣競爭激烈的環境裡，無論是誰都會感到非常緊張，而一位眼睛看不見的女博士生卻非常自在愉快。她叫張婷，是中科院研究生院的副教授，2000年7月以優異的成績進入哈佛大學就讀，成為該校有史以來唯一非本國的盲人學生。

張婷出生於1963年，在29歲之前，她一直過得很順利。她15歲就考上鄭州大學英語系，19歲開始教授大學二年級的英語精讀課，23歲從中科院研究生院畢業後留院任教。1992年，正值人生最璀璨階段的她，卻患上了一種叫做「黃斑變性」的眼疾，醫生診斷後告訴她這是一種會逐漸失明的疾病。

在她的眼前，原本五光十色的世界由霧濛濛直到完全黑暗。這個過程是一段痛苦的日子。在一年多的時間裡，她一邊治療眼疾，一邊堅持教書。但她總是把看病的時間安排在週末假日，她不願意請假，因為怕誤了學生的課業，幾乎沒有耽誤過任何一堂課。她的視力越來越模糊，但她卻拼命地使用眼睛，不放過一分一秒看書的時間。直到眼前什麼也看不見了，她仍然說：「我離不開講臺，我要當老師。」

張婷以前因為近視，一直戴眼鏡，失明後她就摘下了眼鏡，但卻常常在走路時被樹枝扎傷眼，為了保護眼睛，她又戴上了眼鏡。另外，家裡的擺設都靠著牆，並留有寬敞的走道，好方便她走路。學會生活上的自理，對失明的張婷來說不是最難的，難在她還想教書。

她請父母為她買各式各樣的錄音機，因為她想，既然眼睛看不見了，那就用耳朵聽吧！她也隨身攜帶一個袖珍型的小錄音機，比如記個電話號碼，就用錄音機錄下來。她笑道：「條條大路通羅馬。」做到這一點很不容易。失明之後，她依然能寫出漂亮的板書，但有誰知道她貼在黑板上的左手是在悄悄估計字的大小，好配合寫字的右手。為了這幾行板書，她不知在家裡練了多少遍：在房門上，在硬紙板上，讓自己慢慢感覺以往所忽略的身體律動，來協調左右手之間的搭配。語音教室裡，平面操作臺上的各種按鈕也被她悄悄地貼上了一小塊一小塊的膠布，做為記號。

她在每學期剛開始的第一節課必定要點名，然後在心裡默默記住每位學生不同的聲音，並配上他們的名字。下一次，她就能準確地叫出每位學生的名字了。她也始終都在與人談話時專注地注視著對方，事實上她是全憑聽說話者的聲音判斷他們的位置。

張婷的學生都是博士生。他們喜歡上她的課，因為「張老師發音很準，聲音很好聽，上課形式多樣化」，她從不照本宣科，上課喜歡提問，準備了大量課外資料。她喜歡在每堂課開始的時候播放當天或者昨天的英語新聞，並經常在課程告一段落時播放新的英文歌曲。

學生們私底下都十分佩服她為每一節課所做的精心準備。下課的時候，學生們都喜歡圍在講臺邊和她聊天。她的知識面非常廣，知道很多最新的資訊。無論是英美文學、音樂，還是國際時事，博士生們和她聊得十分開心，而她也感到非常快樂。

在中科院外語部教學品質評量表中，博士生們為她打了98分。在畢業班的畢業留言簿上，學生們深情地寫道：「張老師，我們無法用恰當的言詞來形容您的風采，您的內涵如此豐富，您的授課如此生動，除了獲取知識外，我們還獲得了不少樂趣和做人的道理……」

張婷說自己之所以始終站在講臺上，靠的是一種自信，以及對這份工作的熱愛。她從不覺得自己與其他人有什麼不同，「站到講臺上我就是個老師，這時我和其他老師一樣，學生要學東西，我們教他們知識。而要想贏得他們的認同，必須靠創新。」

「一個人獲取知識、資訊的方式非常多樣，不過方式並不重要，重要的是怎麼去應用知識。中科院裡的博士生都是非常優秀的學生，他們是未來的科學家，我會盡自己最大的努力把我所會的東西教給他們。」張婷強調說，「創新並不是盲目的改變，而是必須在深厚的文化基礎上表現出自己的特色。」她編的教材也十分注重新意。

她認為，書不在乎厚薄，而是要有獨到的見解。至於教學方式，她也有自己的觀點：

「一切為教學效果而改變。『不寫板書那叫什麼上課』的觀念要改，怎樣達到學生能完全吸收的教學目標才是最重要的，如果主要靠大家聽，也許一個字不寫也行。要不拘形式，不墨守成規。」

張婷非常注重接受新事物，使用新方法。失明後，她不僅可以教學生聽力和口語，甚至還教英文寫作。她用掃描器把書、學生作業掃描到電腦裡，再讓電腦把資料顯示在螢幕上，或是將上課資料用印表機列印出來。她甚至和學生進行網路教學，學生若有問題，可以發個mail給她，她再回覆。

提起這些她就感慨自己很幸運，生在這樣一個瞬息萬變的時代，可以用電腦、上網等各種以前沒有過的教學方法。「關鍵在於你肯不肯用別的方式，肯不肯動腦筋去思考。並不是只有一條路可走，有很多條路，有很多選擇，有很多施展自己才能的機會。」

2000年，張婷獲得了進入哈佛大學深造學習的機會時，她的事蹟也透過網路迅速傳遍了整個哈佛。

在哈佛大學，面對上千門課程，面對那麼多新的資訊，張婷非常興奮。「想學的東西太多了。我每天一早就去聽課，一直到下午五點半。中午有半個小時的時間吃飯。晚上就在宿舍裡讀書、上網，往往要到十二點多才能就寢。我覺得在這裡的每一天都過得很充實。」

張婷說，沒想到自己在失明8年之後還能走進哈佛，因此她非常珍惜這次難得的機會。「這裡條件很好，資訊傳遞非常迅速，我要多聽課，多讀書，多學些新東西。我要努力充實自己，好增加往後的教學內容。」

看完張婷的故事，是不是會對你有所啟發呢？不放棄任何可能，就是在為自己創造機會。

在成功面前延伸展開的，是各式各樣的路。並不是只有一條路可走，而是有很多條路，有很多選擇，有很多施展自己才能的機會。

Chapter 5

欲窮千里目，更上一層樓

——沒有最好，只有更好

第1節 李嘉誠的創業目標

李嘉誠是香港光芒四射的人物，被譽為「經營之神」，並且在美國《幸福》雜誌的世界巨富排行榜上排名第16位。

李嘉誠以自己多年為人打工掙得的一點積蓄創辦了「長江塑膠廠」，專門生產塑膠玩具和簡單日用品。

在創業最初的一段時期，李嘉誠憑著商業頭腦和「待人以誠，執事以信」的準則，發了幾筆小財。但不久之後，一段慘澹經營期來臨了。

幾次小小的成功，使得年輕且經驗不足的他忽略了商戰中變幻莫測的特點。他急切地擴大資金不足、設備簡陋的塑膠企業，於是資金開始週轉不靈，工廠虧損愈來愈嚴重。

過快的擴張、承接訂單過多、簡陋的設備和人手不足，極大地影響了產品品質。於是，倉庫開始堆滿了因品質問題和交貨期延誤而退回來的產品，原料商開始上門催討原料費，客戶也紛紛上門索賠。

重朋友、講義氣的李嘉誠咬緊牙關，用帳本上所剩的最後一點貸款，千方百計地找原料商訂購塑膠原料，並集中力量保證了幾批訂貨的產品品質。

在朋友們的幫助下，終於恢復了信譽，使企業出現了轉機。

然而，就在李嘉誠拖著疲憊的身體，帶著復活企業、度過難關的希望去找客戶提貨時，客戶卻以國際塑膠市場突然有變，他們不得不考慮自身利益為由，公然言而無信，拒絕按合約來收貨。

這正如俗語所說：「屋漏偏逢連夜雨，船破又遇頂頭風。」當時的香港還是一個法制不太健全的社會，客戶的違約失信，使工廠出現嚴重虧損，使原來有一線生機的塑膠廠徹底掉入破產的深淵。

這段時間，痛苦不堪的李嘉誠每天睜著佈滿血絲的雙眼，忙著應付不斷催討貸款的銀行職員，對付威逼他還清原料費的原料商，應付連打帶鬧地要求索賠的客戶，以及拖家帶眷上門哭哭鬧鬧、尋死覓活要求發放工資的工人。

充滿必勝信心的李嘉誠做夢也沒想到，在他獨自創業的最初幾年裡，初嚐成功的喜悅後，隨之而來的卻是滅頂之災。1950年至1955年這段沉浮歲月，直到今日，李嘉誠回想起來都心有餘悸。這是李嘉誠創業史上最為悲壯的一幕，它沉痛地紀錄了李嘉誠摸爬滾打於暴風雨泥濘之中的艱難歷程，它用慘重的失敗反映李嘉誠的坎坷不平和最為心痛的一段際遇。

李嘉誠自己也不知道，在這些日子裡，他是怎樣在百感交集的情況下一分一秒地熬過來的。生意上的慘敗幾乎使他萬念俱灰，心力交瘁。創業時的宏圖大志和少年時期的英雄般的幻想也變得縹緲微茫。然而他必須為他的企業、為支撐他的家庭而堅持下去！

一種迫在眉睫的緊迫感在促使著困境中的李嘉誠。他重新振作起來，研究新的發展方案：第一步是穩定軍心，重新樹立員工對工廠的信賴和增強相互之間的凝聚力；然後，以最快的速度尋找一批經驗豐富的塑膠人才，重新組織一批精幹的隊伍，由小到大，穩紮穩打，趕在工廠徹底停擺之前將局面扭轉過來。

李嘉誠一邊想著，一邊又習慣性地拿起紙筆，重新設計塑膠產品。

不久，李嘉誠對企業同仁們宣佈：

「今天我要告訴大家的是，經過這一段時間的努力，我們已經基本上還清了各項欠款。我已經和銀行方面商談，他們同意繼續提供貸款。這就是說，我們暫時脫離了困境，並且又擁有了一次重新開始的機會。現在我們面臨的是如何把握這次機會。我認為，一個企業的發展成敗，如同一個人事業發展的成敗一樣。我們拼死拼活，總算平安度過了危險期。現在的發展方針是在穩健中力求發展，發展中不忘穩健，也就是說，我們必須先求生存，再圖發展。

現在我們都是一條船上的成員。既然我們有能力度過難關，我認為，我們也有能力辦好長江塑膠廠。大家都能吃苦耐勞，視長江的成敗為己任，都能為長江做出貢獻。我相信，不久的將來。我們的長江一定能夠發展壯大。」

李嘉誠剛說完，職員們報以熱烈的掌聲。共同的信心和目標，像一種無形的力量，強而有力地將他們緊緊地凝聚在一起。

商場如戰場，每做一筆生意，就是一次擊敗對方、消滅對手的動人心魄的戰鬥。在這時刻都有「螳螂捕蟬，黃雀在後」的商戰情勢中，稍有不慎，就會猝不及防，導致全軍覆沒。

所以，在做任何事之前，都要有明確的目標，否則你就像隻無頭蒼蠅，找不到前進的方向，亂闖一氣，全軍覆沒。

第2節 目標是人生的方向燈

哲人說：「目標能把握心靈的方向，喚醒身上的精靈。」正因為目標無可替代的作用，我們才必須在自己的人生旅途中設定一個又一個目的地。當我們朝著自己設定的目的地前進時，只要往前看，不要停，有不達目的不甘休的精神，那麼你會發現其實你可以將目標設定的更加遙遠，自己的能力原來還可以繼續發揮，潛力無限。

我們該如何使自己朝著目標前進，而不是半途而廢呢？其實方法有很多，我們可以將自己的目標告訴更多的人知道，讓大家監督完成；也可以把目標寫在容易看見的地方，時刻提醒我們去完成它；還可以做一個為達成此目標的詳細規劃，即分目標，分步完成。經過反反覆覆的提醒，我們的潛意識會朝實現目標的方向運作，我們會不由自主的朝著自己設定的目標前進。

我們周圍有許多人都明白自己在人生中應該做些什麼，可是就是遲遲拿不出行動來，根本原因乃是他們欠缺一些能吸引他們的未來目標。不知道你是否還記得阿拉伯神話故事《天方夜譚》嗎？「阿拉丁神燈」可能是大家最喜歡的一段，而你肯定曾經希望手中能有這樣一盞神燈：只要用手摩擦一下，就能從裡面跑出一個精靈，能幫助你實現心中的願望，而且它還不只讓你實現三個願望呢！此刻就是你指揮身上那個精靈的機會，只要你決心去喚醒它，它便能使你的人生無往不利。只要你不拴住自己的想像力，只要你下定決心，那麼你所做的夢遲早都會實現。對此，世界頂尖潛能大師曾經這樣說：「有什麼樣的目標，就有什麼樣的人生。」

經常有人說：「我的問題就在於沒有目標。」這話只能說明他不瞭解目標的真正意義。事實上，追求快樂而避開痛苦便是我們人生的目標。所以說，我們是有目標的，只不過要看這個目標是否能促使我們拿出行動，去追求高素質的人生。遺憾的是，大多數人所追求的目標只在於如何償付每月惱人的帳單，當一個人落到這樣的境地就根本談不上人生目標了。我們要記住，有什麼樣的目標就有什麼樣的人生，現在是你下定決心給自己訂出一個值得追求的目標的時候了。

目標使我們產生積極性。你給自己訂下目標之後，目標就會在兩個方面起作用：它是努力的依據，也是對你的鞭策。目標給了你一個看得見的標靶。隨著你努力實現這些目標，你會有成就感。隨著時間的推移，你實現了一個又一個目標，這時你的思維方式和工作方式也會漸漸改變。有一點很重要，你的目標必須是具體的，可以實現的。如果目標不具體——無法衡量是否實現了——那會降低你的積極性。

為什麼？因為朝目標邁進是動力的泉源。如果你無法知道自己朝目標前進了多少，就會感到洩氣，最後會半途而廢的。

1952年7月4日清晨，加利福尼亞海岸籠罩在濃霧中。在海岸以西21英里的卡塔林納島上，34歲的查德威克（Florence Chadwick）小姐涉水進入太平洋中，開始向加州海岸遊去。要是成功了，她就是第一個游過這個海峽的女性。在此之前，她是從英法兩邊海岸遊過英吉利海峽的第一個女性。

那天早晨，霧很大，她連護送她的船都幾乎看不到。時間一個鐘頭一個鐘頭過去，千千萬萬人在電視上注視著她。有幾次，鯊魚靠近了她，被人開槍嚇跑

了。她仍然在游。

在以往這類渡海游泳中，她的最大問題不是疲勞，而是刺骨的海水。15個鐘頭之後，她被冰冷的海水凍得渾身發麻。她的母親和教練在另一艘船上，他們告訴她海岸很近了，叫她不要放棄。但她朝加州海岸望去，除了濃霧什麼也看不到。她知道自己不能再游了，就叫人拉她上船。

上船後，她漸漸覺得暖和多了，這時卻開始感到失敗的打擊。她不假思索地對記者說：

「說實在的，我不是為自己找藉口。如果當時我看見陸地，也許我能堅持下來。」人們拉她上船的地點，離加州海岸只有半英里！後來她說，真正令她半途而廢的不是疲勞，也不是寒冷，而是因為在濃霧中看不到目標。

查德威克小姐一生中就只有這一次沒有堅持到底。2個月之後，她成功地游過了同一個海峽。她不但是第一位游過卡塔林納海峽的女性，而且比男子的紀錄還快了大約兩個鐘頭。查德威克雖然是個游泳好手，但也需要看見目標，才能鼓足幹勁完成她有能力完成的任務。因此，當你規劃自己的成功時，千萬別低估了制訂可測目標的重要性。

人總是為著某種目標而生活，有了目標，人生就有了意義，有了方向，有了追求。一個人如果沒有目標，就像射箭一樣，不知道箭靶的位置，你就永遠無法射中它。成功者之所以能夠成功，最重要的一個因素是目標明確，時時盯著自己箭靶的位置。因此，我們必須掌握真正的目標，並擬定可行性目標，澄明思想，凝聚繼續向前的力量。

第3節 每天都給自己確定目標

有位醫生素以醫術高明享譽醫學界，事業蒸蒸日上。但不幸的是，就在某一天，他被診斷患有癌症。這對他猶如當頭棒喝。他一度情緒低落，但最終還是接受了這個事實，而且他的心態也為之一變，變得更寬容、更謙和、更懂得珍惜所擁有的一切。在勤奮工作之餘，他從沒有放棄與病魔搏鬥。就這樣，他已平安度過了好幾個年頭。有人驚訝於他的事蹟，就問是什麼神奇的力量在支撐著他。這位醫生笑盈盈地答道：「是希望。幾乎每天早晨，我都給自己一個希望，希望我能多救治一個病人，希望我的笑容能溫暖每個人。」這位醫生不但醫術高明，做人的境界也很高。

美國著名性格專家在《希望你的性格中多一些遠見》一書中說：「成功的性格必須首先克服短見和盲目兩大弱點，因為它們均因缺乏自信而形成。」做任何事，都不會一帆風順，總要面臨曲折。這就要求你在最困難的時候，克服注重眼前利益的短見，要有長遠的眼光，自己給自己定好位。這是保證你成功性格的必備事項。

談到貪圖小利的性格，還必須從一個人是否具備自信說起，因為一個缺乏自信性格的人，碰到一點小利就會激動起來。先看這種人的一般性格特點，我們隨時隨處可以聽到類似這樣的話語：「唉，我不行」、「我性格內向」、「我害怕與人交往」、「我的工作能力不行」……其實，這些評價和斷語都是我們自己附加於己的，都是缺乏信心的表現。一個人如果對於自身的能力缺乏自信，即使其中摻有謙虛的成分，也無法使自己獲得真正的成功性格，更不可能得到真正的幸福。因為健全的自信往往是導致成功的關鍵。

夢想是人類的特權和天性，成功者會展開夢想的翅膀，立定目標飛向誘人的未來，追求人生的成功性格。

人們對夢想總是持一種鄙夷的、不屑的看法，但實際上每個人，從童年直到老年，誰也無法擺脫夢想的糾纏。應該講這是一種良好的性格。

可以看一個生動的性格之例：

有個頑童無意間在懸崖鷹巢裡，發現一顆老鷹蛋，他一時興起，將這顆蛋帶回父親的農莊，放在母雞的窩裡，看看能不能孵出小鷹來。

果然如頑童的期望，那顆蛋孵出了一隻小鷹。小鷹跟著牠同窩的小雞一起長大，每天在農莊裡追逐主人餵飼的穀粒，一直以為自己是隻小雞。

某一天，母雞焦急地咯咯大叫，召喚小雞們趕緊躲回雞舍內，慌亂之際，只見一隻雄偉的老鷹俯衝而下，小鷹也和小雞一樣，四處竄逃。

經過這次事件後，小鷹每次看見遠處天空盤旋的老鷹身影，總是不禁喃喃自語：「我若是能像老鷹那樣，自由地翱翔在天上，不知該有多好。」

而一旁的小雞就會提醒牠：「別傻了，你只不過是隻雞，是不可能高飛的，別做那種白日夢了吧！」

小鷹想想也對，自己不過是隻小雞，也就回過頭，去和其他小雞追逐主人撒下的穀粒。

直到有一天，一位訓練師和朋友路過農莊，看見這隻小鷹，便興致勃勃要教會小鷹飛翔，而他的朋友則認為小鷹的翅膀已經退化無力，勸訓練師打消這個念頭。

訓練師卻不這麼想，他將小鷹帶到農舍的屋頂上，認為由高處將小鷹擲下，牠自然會展翅高飛。不料小鷹只輕拍了幾下翅膀，便落到雞群當中，和小雞們四處找尋食物。

訓練師仍不死心，再次帶著小鷹爬上農莊內最高的樹上，擲出小鷹。小鷹害怕之餘，本能地展開翅膀，飛了一段距離，看見地上的小雞們正忙著追尋穀粒，便立刻飛了下來，加入雞群中爭食，再也不肯飛了。

在朋友的嘲笑聲中，訓練師這次將小鷹帶上高處的懸崖。小鷹用銳利的眼光看去，大樹、農莊、溪流都在腳下，而且變得十分渺小。待訓練師的手一放開，小鷹展開寬闊的巨翼，終於實現了牠的夢想，自由地翱翔於天際。

我們每個人都曾經如同小鷹一般，曾擁有過翱翔天際、悠遊自在的壯闊夢想。有趣的是，這些偉大的夢想，往往也就在周圍親友的一句句「別傻了」、「不可能」聲中，逐漸萎縮，甚至破滅。其中，這種破滅還與你性格中的弱點有直接關係，即你因別人而放棄遠見，可能開始充滿短見，貪圖小利了。

目標就是給自己定位長遠的目的，人的具體的目的是目標的步驟，目標就是由一個個目的組成的。

每天給自己一個希望，就是給自己一個目標，給自己一點信心。希望是什麼？是引爆生命潛能的導火線，是激發生命熱情的催化劑。每天給自己一個希望，我們將活得生機勃勃，激昂澎湃，哪裡還有時間去嘆息、去悲哀，將生命浪費在一些無聊的小事上？生命是有限的，但希望是無限的，只要不忘每天給自己一個希望，我們就一定能擁有一個豐富多彩的人生。

一個人如果對於自身的能力缺乏自信，即使其中摻有謙虛的成分，也無法使自己獲得真正的成功性格，更不可能得到真正的幸福。安於現狀，會使你喪失獲得更卓越成就的能量；只要你的眼光看得夠遠，就一定能真正飛起來。一個成功者的性格應該如此：莫讓夢想因別人的幾句冷言冷語而熄滅。

第4節 看準目標，不斷進取

只有目標是不夠的，還要有進取心才行，很多人之所以一輩子平庸無成，最大的原因就是缺乏進取心。讀書的時候不認真、工作的時候消極怠惰，慢慢地你就會對按部就班的生活和貧窮的日子習以為常，麻木地聽從現實生活的安排。積極進取的意識慢慢被生活消磨殆盡，對實現願望、完成目標缺少了動力，最後就會像一座陳舊的機器一樣鏽跡斑斑。

那麼，什麼是進取心？就是主動去做應該做的事情。進取心對一個人的一生極為重要，因為沒有了它，對於目標你就不會堅持下去，遇到挫折就會立刻放棄。剛開始建立事業的創業者尤其要有進取心，因為沒有它就不會有努力的目標，也就不會有成就事業的動力。進取心代表著追求高遠、持久的目標。始終相信自己會有一番作為，並積極主動去實行自己計畫的人，才有成功的機會。只有不斷地超越自己，對經營和管理精益求精的創業者，才能把事業推上巔峰。

美國《首映》（Premiere）雜誌於2001年4月17日公佈了2001年好萊塢權力排行榜，高居排行榜榜首的是「維康公司」的創建者桑姆那．雷史東（Sumner Redstone）。媒體集團旗下包括派拉蒙電影公司、全球電視網、百視達影帶租售連鎖店、派拉蒙電視、思貝靈電視製作公司、派拉蒙主題公園、電視頻道、賽門與舒斯特出版公司、19家電視臺、國際戲劇公司以及哥倫比亞廣播公司和非裔音樂臺等大型企業。國家娛樂公司是家母公司，在美國、英國和南非擁有1,300家電影院。已經有不少產品進入中國內地市場，並大受歡迎，其中包括電影史上的經典名片《教父》、《阿甘正傳》、《第六感生死戀》和《鐵達尼號》等。

雷史東現在已經八十多歲了，他曾在哈佛大學拿到法學博士，然後在第二次世界大戰的時候，又因為破解了敵方密碼，成了那場戰役中的英雄人物。他完全靠個人奮鬥，從一名普通百姓變成全球排名第12的富人。

63歲時，他開始建立自己的娛樂王國。2001年，他收購了美國三大廣播公司之一的CBS，進而一手打造了世界最大的娛樂企業。在接受中央電視臺記者採訪時，雷史東說：「我對法律和娛樂業一直很感興趣。我想，不管你做什麼工作，有個積極的態度很重要。要非常努力地工作，要有非常強的信念，同時做事時還要力求完美，要努力做到最好，要有足夠獲勝的信心。不管你從事哪一個行業，這一點非常重要。」當記者問道：「您為什麼會有勇氣在63歲退休後，還決定著手建立一個龐大的娛樂帝國？」雷史東幽默地答道：「誰說我63歲？我才20歲呢！實際上年齡並不是很重要的，重要的是你工作的時候對所做的東西是不是感興趣，是不是讓你活力十足，你對自己是不是有信心，這一點才是關鍵。」

在回顧自己的經歷時，雷史東說，他在法律界工作了一段很長的時間。他在司法部待了6年，之後他還在華盛頓律師事務所工作過。那時候他很理想主義，想透過法律為人類做一些有益的事情。但後來，他發現法律和其他事情並沒有什麼兩樣，就決定經商，進而由法律轉到了娛樂業。雷史東還說：「事實上，我從事娛樂業的時候，我的法律實務經驗對我的娛樂事業，提供了不少幫助。」當被問及成功經驗時，雷史東說：「看準目標，不斷進取，就這麼簡單。我無法想出其他的答案了。」

只要能保持不斷朝著目標努力、積極進取的精神，並將它用於你的生活中、事業上，相信你做什麼事都會成功的。

第5節 從小目標開始逐步突破

有些人常妄想自己能一步登天，常做白日夢，想一夕成名，一下子便成為一個億萬富翁。實際上這是不可能的！一是由於你的能力並不夠，二是由於成功必須經過長久磨練。因此，真正的成功者善於化整為零，從大處著眼，從小處著手。

傑米25歲的時候，因失業而過著三餐不繼的生活，為了躲避房東的討債，他白天都在馬路上閒晃。

某天，他在街上偶然碰到了著名歌唱家夏里亞賓（Shalyapin）先生。傑米在失業前曾經採訪過他。但是他沒想到的是，夏里亞賓先生竟然一眼就認出了他。

「很忙嗎？」他問傑米。

傑米含糊地回答了他，他想夏里亞賓先生看出了他的失意。

「我住的旅館在第103號街，跟我一起走過去好不好？」

「走過去？但是，夏里亞賓先生，60個路口可不近呢！」

「胡說，」他笑著說，「只有5個路口。」

「……」傑米不解。

「是的，我說的是第6號街的一家射擊遊藝場。」

這話有些答非所問，但傑米還是跟著他走了。

「現在，」到達射擊場時，夏里亞賓先生說，「只剩11個路口了。」

沒多久，他們到了卡納奇劇院。

「現在，還有5個路口就到動物園了。」

就這樣走著走著，他們在夏里亞賓先生的旅館前停了下來。奇怪得很，傑米並不怎麼覺得疲憊。

夏里亞賓先生開始解釋為什麼傑米並不感到疲憊的理由：「今天這種走路的計算方式，你絕對要常常記在心裡，這是一種生活的藝術。無論你與你的目標距離有多麼遙遠，都不要擔心，只把你的精神集中在5個路口的距離，別讓那遙遠的未來使你煩悶。」

沒有目標的人註定不能成就大事，但如果目標過大，你應學會把大目標分解成若干個具體的小目標，否則過了一段很長的時間後你依然達不到目標，會讓你覺得非常疲憊，產生懈怠心理，甚至你可能會認為沒有成功的希望而放棄繼續追求。如果將最後的終極目標分解成具體的小目標，逐一實現，你將能嚐到成功的喜悅，繼而產生更大的動力去實現下一階段的目標。

許多人做事之所以會半途而廢，並不是因為難度高，而是因為他認為現實距離夢想太遠，正是這種心理上的因素導致了失敗。若把長距離分解成若干個短距離，逐一跨越它，就會輕鬆許多，而目標具體化可以讓你清楚當前該做什麼，怎樣才能做得更好。

有人說，我長大以後要做一個偉人。這個目標太不具體了。就像我們小時候寫作文，題目是將來長大做什麼，有的同學就說：「我長大了要做總統。」這個目標就有點太籠統了，只能當做少年時一個美好的神話。

目標必須具體，比如你想把英文學好，那麼你就訂一個具體目標，每天一定要背十個單字、一篇文章，要求自己在一年之內能看懂英文書報。由於你制訂的目標很具體，如果能按部就班去做，目標就容易達到。

有人曾經做過這樣一個試驗，他把選手分成兩組，讓他們去跳高。兩組的組員大概個子都差不多，先是全部一起跳過了六尺的高度，然後再把他們分成兩組。對第一組說：「你們能跳過六尺五寸。」而對第二組只說：「你們能跳得更高。」然後讓他們分別去試跳。結果第一組由於有六尺五寸這樣一個具體的數字，他們每個人反而都跳得更高，但第二組因為缺乏具體數字的目標，所以他們只跳過六尺多一點，不是所有的人都跳過了六尺五寸。為什麼呢？就是因為第一組的組員有一個具體目標。

藤田是一位擁有出色業績的推銷員，可是他一直都希望能躋身公司業績排行榜的前幾名。不過這只是他的一個願望，一直放在心裡，並沒有真正去爭取過。直到三年後的某天，他讀到了一句話：「如果讓願望更加明確，就會有實現的一天。」

於是，他當晚就開始設定自己期望的總業績，然後再逐漸增加，這裡提高5%，那裡提高10%，結果顧客卻增加了20%，甚至更高。這激發了藤田的鬥志，從此他不論任何狀況、任何交易，都會設立一個明確的數字做為目標，並總能在一、兩個月內完成。

「我覺得，目標越是明確，越感到自己對達成目標有股強烈的自信與決心。」藤田說。他的計畫裡還包括想得到的地位、想得到的收入、想具有的能力等。然後，他把所有的客戶拜訪資料都紀錄得十分詳盡，並且在相關的業界知識方面努力累積。終於在第一年的年尾，藤田的業績創造了空前的紀錄，提升了好幾個百分點。

藤田自己下了一個結論：「以前，我不是不曾考慮過要擴展業績、提升自己的工作成就。但是因為我始終只是想想而已，沒有付諸行動，當然所有的願望都落空了。自從我明確設立了目標，以及為了確實實現目標而設定具體的數字和期限後，我才真正感覺到一股強大的動力正在鞭策我去達成它。」

因此，如果將最後的終極目標分解成具體的小目標，逐一實現，你將可以嚐到成功的喜悅。

第6節 超越目標，超越自我

自我實現是一個從低階到高階發展的過程，當一個自我實現的目標被滿足時，另一個更高階的自我實現的目標便成為人們追求的目標。人們總是試圖滿足自己自我實現的需要，而且永遠不會滿足，正所謂「生命不息，奮鬥不止」。

如果你是基層員工，也就是一般企業中數量最大部分的員工，你沒有下屬，從事機器、運用工具、看管設備、駕駛車輛之類的直接生產工作。在這個職位上，你對職業發展的需要程度可能是比較低的。基層操作人員只管負責好具體的操作或生產技術。在企業組織中你的工作職務範圍也很小。但你仍然保持熱忱的工作態度、勤奮敬業的工作表現並取得突出的工作成績，最終脫離基層群體，被提升為工程師或管理人員。

從此，你便有了下屬，工作職務的範圍擴大了，你的自我實現的需要就得到了一點滿足，你也就會更加努力地工作，這又促使你得到進一步地提升。隨後，又被升為主任，提升為開發工程師、中層管理人員或專案經理，管理的下屬進一步增多，工作職務也相對得到擴大，自我實現的滿足程度又進一步得到提高。

最後由於工作十分努力，表現十分突出，你被董事會任命為公司總裁，這時你只需要對董事會負責，其餘的人都得向你負責，公司的興旺與否直接關係到你日後個人成就的大小，因此你會把公司的事業完全看做自己的事業，完全全心地投入公司的事業中，自我實現的滿足達到了高峰。

這並非是毫無邏輯的虛構故事。吳士宏的經歷就是這個合理邏輯的例證：吳士宏的職業生涯從IBM的勤雜人員開始，歷經銷售員、銷售經理、銷售管道總經理、中國微軟總經理、TCL資訊產業集團總經理、TCL最近控股的翰林滙公司董事長。

這樣的奮鬥經歷在我們欽佩的同時，是否應該給我們一些啟迪？在她當初從事勤雜工作的時候，一定沒有把目標鎖定中國微軟總經理的職位，她所做的只是做好現在的工作，又準備等待機會，並為之奮鬥。在一步步職位提升的過程中，她的職業目標也得以不斷提升。

人生活在世界上，首先不是為了生存而生存的，有哲學家這樣說：「生命的意義註定在生命之外。」那麼生存的意義同樣也註定在生存之外。人們總是鎖定自我實現的職業目標，充分挖掘自身的潛能，找到一個能充分發揮潛能的舞臺。任何人的職業發展都呈階梯式，在職業經歷不可逆轉性的前提下，最大限度的利用你過去的職業經歷和職業資源，使它成為不斷實現階段性目標的籌碼。

當你實現了自己心目中的某一階段的職業目標後，你就會煥發出一種高峰體驗的精神面貌，促使自己更加勤奮工作；你就會發現此時的你比任何時候都更加和諧、輕鬆和充滿力量；你所奔往的是更高的目標，而這個目標絕不是不可能達到的，它將變得越來越現實、具體、接近；你開始逐步擺脫阻礙、抑制、謹小慎微、畏懼、疑惑、控制和自責，在行動的過程中更具有自發性和創造性；你成為獨立、純粹的你，你會強烈的感受到一種超越自我的存在價值。那些成功的人是存在共同特點的，隨著公司企業的發展壯大，越來越多的人會意識到一種精神力量，或者說是一種深層次力量，推動他們不斷爬向更高的目標，更高的山峰。

從一個目標向更高目標邁進的過程是幸福的。

2002年，一個名不見經傳的年輕人，成為北京出國青年中轟動一時的人物。他叫喬慧存，從一所中專畢業後，多年奮鬥，最終被美國名校沃頓商學院MBA錄取。

喬慧存大致經歷是：15歲考上遼寧輕工學校，中專畢業，到齊齊哈爾明月啤酒集團當技術員；在啤酒集團，透過成人高考，用5年時間函授拿下商業管理本科文憑；24歲考入哈爾濱工業大學讀經濟學研究生；26歲在幾千名求職者中被中信總部錄用；29歲辭職，創辦自己的諮詢公司；32歲，經過兩年的考試和申請，被沃頓商學院MBA錄取，現於美國念書。

喬慧存從小就有經商的愛好，12歲就能跟外公去賣螃蟹。他們從大連進了一火車皮螃蟹，但那是1982年，齊齊哈爾人不認識這東西，結果虧本了。後來，他又從媽媽的商店進了一批火柴賣，進價是一包五毛錢，賣六毛，總算可以賺到錢了。

念中專時，他又賣過冰棒。夜裡11點睡覺時，大家都肚子餓，幾個學生就賣雪糕、餅和汽水。賣了近一年，賺了不少錢。用這錢，他帶領全班30多人去了趟北戴河。

喬慧存是一個生於底層，從堅持晨跑開始，從一個目標奔向另一個更高的目標，一步步向上，最終實現自我目標的青年；從幼稚到成熟，不斷成長的過程。

他一步步腳踏實地，每前進一步，達到一個小目標，使他體驗了「成功的感覺」，而這種「感覺」強化了他的自信心，並將推動他穩步發展潛能去達到下一個目標。如果他如今在事業上的成就算作大成功的話，那麼這大成功的背後，就是從賣螃蟹虧本開始，再到賣火柴賺錢，然後是賣冰棒這些小成功的累積，每一個成功的人都是在達成無數的小目標之後，才實現他們偉大的夢想。

不放棄，就一定有成功的機會，如果放棄，就已經失敗了。不怕艱苦，不懈努力，迎接

自己的便將是成功！

目標也是可以調整的。很多人都說沒有想到自己二十年之後會是這個樣子，但即使目標沒有那麼明確，在這個過程中，我們也可以做到逐步發現自我，逐步實現自己的目標。你可以根據這個職業比較高的標準來要求自己，並逐步培養需要具備的各種能力和素質，為邁向更高目標奠定基礎。在職業生涯中實現職業價值，成就職業理想，積極促成向職業更高層發展，不斷提升自我的職業目標。

職業目標或職涯遠景的實現往往意味著自我價值的實現，它是自我實現的具體化方式。職業目標可能十分遠大，但遠大的目標一般被分為階段性目標，也可能是屬於先設定短期目標，然後根據完成情況以後進一步設定的目標，也就是人們常說的「走一步看一步」。隨著職涯遠景分階段實現，個人會在價值觀、個人方向、知識技能等方面得到改進、提升，職業目標也是一個不斷實現、設定、修訂、實現的螺旋上升的過程。

第7節 一切皆有可能

20世紀六、七〇年代美國有一個超級歌星。他少年時就想當一名歌手，參軍後，他買到第一把吉他。他開始自學彈奏吉他，同時練習唱歌，然後開始嘗試自己創作一些歌曲。服役期滿後，他開始努力工作，以實現當一名歌手的夙願，可是他沒能馬上成功。沒人請他唱歌，就連電臺唱片音樂節目廣播員的工作也沒能得到。他只得靠挨家挨戶推銷各種生活用品維持生計，不過他還是堅持練唱。他組了一個小型的樂團在各個教堂、小鎮上巡迴演出，很快，他有了一些歌迷。最後，他灌製的一張唱片奠定了他音樂工作的基礎，吸引了兩萬名以上的歌迷。他對自己的信念堅信不疑，使他獲得了成功。

然而，這只是一次難度不大的考驗，真正的考驗還在後面。經過幾年的巡迴演出，他被那些狂熱的歌迷拖垮了，晚上須服安眠藥才能入睡，還要吃些「興奮劑」來維持第二天的精神狀態。他開始沾染上一些惡習——酗酒、服用催眠鎮靜藥和刺激興奮性藥物。他的惡習日漸嚴重，以致對自己失去了控制能力。之後他不是出現在舞臺上，而是出現在監獄裡了。到了1967年，他每天必須吃一百多顆藥。

這個人就是強尼（Johnny Cash）。

一天早晨，當他從州監獄刑滿出獄時，一位行政司法長官對他說：「強尼，我今天要把你的錢和麻醉藥都還給你，你比別人更明白你能充分自由地選擇自己想做的事；看，這就是你的錢和藥，是把這些藥扔掉還是去麻醉自己，毀滅自己，你選擇吧！」

強尼選擇了生活。他又一次對自己的能力做了肯定，深信自己能再次成功。他回到納許維爾（Nashville），找到他的私人醫生，醫生不太相信他，認為他很難改掉吃麻醉藥的壞毛病，醫生告訴他：「戒毒癮比找上帝還難。」

強尼並沒有被醫生的話所嚇倒，他知道「上帝」就在他心中，他決心「找到上帝」，儘管這在別人看來幾乎不可能，他開始了他的第二次奮鬥。他把自己鎖在臥室，閉門不出，一心一意就是要根絕毒癮。為此，他忍受了巨大的痛苦，經常做噩夢。後來他在回憶這段往事時說，他總是昏昏沉沉，好像身體裡有許多玻璃球在膨脹，突然一聲爆響，只覺得全身佈滿了玻璃碎片。當時擺在他面前的，一邊是麻醉藥的引誘，另一邊是他的奮鬥目標的召喚，結果他的信念佔了上風。九個星期以後，他睡覺不再做噩夢，又恢復到原來的樣子了，他努力實現自己的計畫，幾個月後，他重返舞臺，再次引吭高歌。他不停息地奮鬥，終於又一次成為超級歌星。

強尼完成了醫生認為的「不可能」的事。實際上，世界上有許多所謂「不可能」的事都有「可能」發生。

有這樣一則故事：拿破崙．波拿巴問工程技術人員：「這條路走過去可能嗎？」「也許吧！」回答是不肯定的，它在可能的邊緣上。「那麼，前進！」拿破崙沒有理會工程人員講的困難？下決心前進。統帥的精神鼓舞著戰士們。四天之後，這支部隊突然奇蹟般出現在義大利平原上了。一件「不可能」的事情就這樣完成了。

許多統帥都具有必要的設備、工具和強壯的士兵，但是他們缺少毅力和決心。誰不怕困難，誰就能在前進中抓住時機。拿破崙信奉「世上沒有不可能的事」，因此創造了許多奇蹟。

美國傑出的發明家麥克里狄（Paul MacCready）設計的「輕靈信天翁」號飛機首次以人力驅動飛越英吉利海峽，因此贏得了20萬美元的克雷默（Kremer）大獎。

「但在投針一事之前，我並沒有真正明白我的小組何以能在這場歷時近二十天的競賽中獲勝。要知道，其他小組無論從財力上還是從技術力量上實力遠比我們雄厚。但結果是他們進展甚微，我們獨佔鰲頭。」麥克里狄這樣說。

而麥克里狄是這樣告訴我們他如何獲得靈感的：「幾年前，我告訴我兒子，水的表面張力能使針浮在水面上，他那時才十歲。我接著提出一個問題，要求他將一根很大的針投放到水面上，但不得沉下去。我提示他要利用一些方法，譬如採用小鉤子或磁鐵等。他卻不假思索地說：『先把水結成冰，把針放在冰面上，再把冰慢慢化開不就得了嗎？』這個答案真是令人拍案叫絕！它是否行得通無關緊要，關鍵是：我即使絞盡腦汁冥思上幾天，也不會想到這上面來。經驗把我限制住了，思維僵化了，這小伙子倒不落窠臼。」

「投針的事情使我豁然醒悟：儘管每一個對手技術水準都很高，但他們的設計都是常規的。而我的祕密武器是：雖然缺乏機翼結構的設計經驗，但我很熟悉懸掛式滑翔以及那些小巧玲瓏的飛機模型。我的『輕靈信天翁』號只有60磅重，卻有100英尺寬的巨大機翼，用優質繩做張索。我們的對手們當然也知道懸掛式滑翔，他們的失敗正在於懂得的標準技術太多了，被一些已知東西限制住了，要獲得創造性的成功就必須勇於打破常規，善於在『不』字上下功夫。」

「不可能」只是常規理論下的結論，要善於嘗試「打破常規」，成功者的字典裡沒有「不可能」這三個字。

Chapter 6

大丈夫有所為，有所不為

——守住你的底線

第1節 見人說人話，見鬼說鬼話

一樣米養百樣人，世界上有多少人就有多少種應對說話的方法，以下七種類型的人僅供參考。只是要讓你知道求人必須要「見人說人話，見鬼說鬼話」，用他喜歡的方式，說他愛聽的話，只要他聽得進去，就有機會求人成功。

下面介紹七種常見的不同類型的人物及其特點，對你或許有所幫助。

第一類 沉默寡言型

這種人平常幾乎不會主動說話，多是別人問一句才答一句。面對這種人，你只需要說該說的話就可以了，因為他們也許表面上看起來並不隨和，但其實十分講道理。你只要保證自己的話言之有理，而且謙遜禮貌幾乎就可以達到說服對方的目的。

第二類 好大喜功型

這種人老是以自我為中心，喜歡炫耀自己，喜歡聽到別人恭維和稱讚的話，希望得到別人的認同。面對這種人，你只要仔細聆聽他向你所做的炫耀，並且適當的對其進行稱讚，你的成功率就會很高。

第三類 否定他人型

這種人平常只會說些風涼話，常常貶低他人，對他人進行否定。因而面對這種人是最為難的，不過好在他們也是人，是人就需要與他人交往。雖然面對此類人的時候我們常常會頭痛，但只要不被他的難聽話唬住，不直接表現出我們的反感，用不卑不亢的態度說話，往往會達到理想效果。

第四類 優柔寡斷型

這種人沒有主見，常常被別人的話語所左右，自己缺乏獨立思考的能力。因而面對這種人，你只要自信地抓住交談的主動權，多用肯定性的語言提出具有建設性的意見，多站在他的角度上進行思考，並對此進行強調，往往能取得他的信任，進而實現你的目標。

第五類 知識淵博型

這種人往往寬宏、明智，因此也變成了最容易面對的人。面對他們時，你只需要條理清晰、誠實地闡述自己的觀點和要求，只要合情合理，往往會得到應有的支援。

第六類 腳踏實地型

這種人對事情的精細度要求很高，並不會輕易相信別人說的話，往往會進行實地的調查取證。因而面對這種人你不要急躁，只需要積極的配合對方，將自己誠實的展露在對方面前，慢慢的就會走向成功。

第七類 性格急躁型

這種人往往不會在一件事情上投入過多的時間，他們希望速戰速決。因而對待這種人，說話要簡潔，條例要清晰，不說沒用的廢話，只需要強調來意，說明理由即可。

要求人成功、達到自己的目的，必須先瞭解對方樂於接受什麼樣的方式，說話時因人而異，才能在求人時能順勢推展，取得預期的結果。

第2節 讓熱情取代面子

宋代有一位理學家叫做張九成。張九成告老還鄉之後，對當時流行的禪宗發生了極大的興趣，甚至專程去拜訪禪學大師喜禪師。

喜禪師問他：「你來此地有何貴幹呀？」

他學著禪師的口吻說：「打死心頭火，特來參喜禪。」

禪師便說：「緣何起得早，妻被別人眠。」

張九成經禪師這一說，怒聲罵道：「無明真禿子，豈敢發此言。」

禪師微微一笑，說道：「你本非我佛中人，非要來湊熱鬧。我剛剛一煽風，你那邊馬上就起火，這種修養也能參禪嗎？」

張九成這才明白禪師剛才是在試探他。他非常後悔，可是已經來不及了。

這個故事講的是儒家和禪宗的關係，但也可以用來說明求人成事時的面子問題。很多人信奉「萬事不求人」或「求人不如求己」的原則，認為請求別人幫助是自己無能的表現，似乎有些丟臉。這種看法是偏頗的。人與人之間的互相幫助是生存與生活的必然現象，而非「無能」或「丟臉」。因此要找人辦事、學會求人，就必須要「打死心頭火」。如果像張九成那樣一聽到對方的話不對自己胃口馬上「火冒三丈」，這樣是難以悟到求人成事的要義的。

要求人，臉皮薄可不行。所謂「人在屋簷下，不得不低頭」。求人成事，臉皮薄、放不下清高的架子是不會成功的。

又如美國著名企業家艾科卡的故事。

20世紀80年代，艾科卡（Lee Iacocca）由於遭人嫉妒和猜忌，被老闆免去了福特汽車公司總經理的職務。面對打擊，他沒有消沉，而是立志重新開創一片天地。為此，他拒絕了數家優秀企業的招募而接受當時瀕臨破產的克萊斯勒公司的邀請，擔任總裁。

到任後，他首先實施以品質、生產力、市場佔有率和營運利潤等因素來決定紅利政策。他規定主管人員如果沒有達到預期的目標，就扣除25%的紅利；他還規定在公司尚未走出困境之前，最高管理階層各級人員減薪10%。

這一措施推出後，有人反對有人贊成，反對的人是公司的元老，認為這樣做損害了他們的利益。艾科卡冷靜地對待這一切，並且自己只拿一美元的象徵性年薪，讓反對他的人無話可說。

為了爭取政府的貸款，艾科卡四處遊說，找人求人，接受國會各小組委員的質詢。有一次，由於過度勞累，導致他眩暈症發作，差點暈倒在國會大廈的走廊上。為了取得求人、辦事的成功，艾科卡把這一切都忍了下來。結果，他領導著克萊斯勒公司走出困境，到1985年第一季，克萊斯勒公司獲得的淨利高達五億多美元。艾科卡也從此成為美國的傳奇人物。艾科卡取得巨大的成功，其祕訣就是「打死心頭火」。然而這裡的「心頭火」指的是高傲的自尊，而不是為了目標努力耕耘、勇往直前的熱情。

求人時最忌諱的便是為了面子問題而發怒。發怒的結果非但不能解決問題，反而得罪了能幫助你的人。求人遭遇刁難時，不妨先按耐住自傲的火氣，拿出你的熱忱，讓別人看見你真正的需要，讓他瞭解你的目的。張三拒絕你，不妨找李四，李四拒絕你，再找王五，總會找到肯幫助你的人。千萬別為了一時的面子，而忘了求人真正的目的是「解決問題」！

面子是讓人不敢接近的冰霜，熱情卻是令人溫暖的炭火。只有讓熱情取代面子，才能獲得成功。

第3節 適者生存

我們偉大的生物學家達爾文，在很早之前就告訴過我們這樣一句話：「優勝劣汰，適者生存。」因而如果一個人無法適應周遭的環境，或面對多變的環境卻依然固守最初的東西，那麼等待他的往往是失敗與毀滅。反之，我們會獲得人生的成功與完善。

美國的科學家克雷格·麥克萊恩曾經做過一項調查研究，這項研究的結果顯示生活在深海裡的動物漸漸減少的原因，居然不是因為氧氣的減少而是因為氧氣的增多。

人們發現在南加州海域，很多深海動物逐漸消失。後來尋找原因，才發現就是因為移植了大量含氧海藻，而導致了這種現象的發生。剛開始人們以為含氧海藻能夠改善深海動物的生存環境，沒想到反而害了那些動物。因為含氧海藻是一種能夠製造氧氣的深海植物，是普通海藻造氧量的100倍。

誰都知道，深海裡氧氣稀薄，所以為了生存，很多動物不得不根據深海裡的環境來進化自己：牠們會盡量減少活動或者乾脆不動，長期蟄伏在一處，以減少身體對氧氣的需求。所以儘管深海裡環境惡劣，但還是有不少動物頑強地生存了下來。照理來說，增加了氧氣的深海對魚類應該是一件有益的事，可是因為千百年來，那些長期蟄伏於一處不動的深海動物，已經適應了缺氧的環境。突然有新鮮的氧氣注入，便容易產生氧氣中毒。不被氧氣中毒的方法只有一個，那就是迅速改變原有的生活習慣，改靜止為動態。只有不停地游動。才能夠加速呼吸，讓過量的氧氣排出體外，這樣，過量的氧氣不但對牠們構成不了威脅，反而會讓牠們更加具有活力。

所以，生活在深海中的動物很快便會分為兩種：一種因為無法改變自己原有「懶散」的生活習性而變得無所適從，甚至被「淘汰」了；而另一種則一改往日的靜止而快速行動起來，因為適應了由大量氧氣注入的新環境而變得「如魚得水」。

克雷格．麥克萊恩最後得出結論：害了那些深海動物的不是氧氣，而是牠們自己的懶惰習性。

不要覺得不可思議，世界就是這個樣子的，物競天擇，適者生存。而我們人類，也應該在多變的社會裡找到自己的一片藍天，遊刃有餘地面對各種紛繁的轉變。

第4節 靈活善於變通

我們的世界給創新者出路，因為我們需要他們。而模仿者、追隨者、墨守成規者不會受人歡迎，因為他們很難開闢新路。無論你抄襲、模仿的偶像多麼的偉大不凡，你也不會走向成功。完全抄襲與模仿不會造就成功，只有自己的創造力，才能讓你走入成功的境地。

世界需要標新立異者，因為他們能脫離舊軌道，獨闢蹊徑。獲得成功的法寶就蘊含在你自己體內，那就是你的才能與勇氣，就是你的堅韌決心，就是你的良好品格與創造力。我們知道，八面玲瓏的人是不會死守教條的，他們的特點就是善於變通。

現今的社會需要標新立異，需要八面玲瓏，需要善於變通。

靈活善於變通的員工，表現在他們用大腦工作。

有一天，一家公司的經理突然收到一封非常無禮的信，信是一位與公司交往很深的代理商寫來的。

經理怒氣沖沖地把秘書叫到自己的辦公室，向秘書口述了這樣一封信：「我沒有想到你會這樣寫信給我，你的做法深深傷害了我的感情。儘管我們之間存在一些交易，但是按照慣例，我還是要把這件事情公佈出來。」

經理叫秘書立即將信列印出來並馬上寄出。

對於經理的命令，這位秘書可以採用以下四種方法：

第一種是「照辦法」。也就是秘書按照老闆的指示，遵命執行，馬上回到自己的辦公室把信列印出來並寄出去。

第二種是「建議法」。如果秘書認為把信寄走對公司和經理本人都非常不利，那麼秘書應該想到自己是經理的助手而有責任提醒經理，為了公司的利益，哪怕是得罪了經理也值得。於是秘書可以這樣對經理說：「經理，這封信別理他，撕了算了。何必生這樣的氣呢？」

第三種是「批評法」。秘書不僅沒有按照經理的意見辦理，反而向經理提出批評說：「經理，請您冷靜一點，回一封這樣的信，後果會怎樣呢？在這件事情上，難道我們不應該反省反省嗎？」

第四種是「緩衝法」。就在事情發生的當天下班時，秘書把列印出來的信遞給已經心平氣和的經理說：「經理，您看是不是可以把信寄走了？」

喬治．古納教授在教學中選擇了第四種「緩衝法」。

他的理由是：第一種「照辦法」，對於經理的命令忠實地執行，做為秘書確實需要這種素質，但是「忠實照辦」，仍然可能是失職；第二種「建議法」，這是從整個公司利益出發的，對秘書來說，這種富於自我犧牲的精神是難能可貴的，可是卻超越了秘書應有的許可權；第三種「批評法」，這種方法的結果是秘書干預經理的最後決定，是一種越權行為；而第四種「緩衝法」，則是一種最折衷的、於經理於該秘書都無不利的方法，這是善於變通在工作中的體現，反映了一個下屬機敏靈活的處事頭腦和審時度勢的工作能力。

處事靈活還表現在細分工作上，懂得如何選擇工作，統籌兼顧。

有人認為，既然計畫的實現要靠勤奮的工作，就義無反顧地投入到工作中去。結果工作一件接一件，也來不及分辨，整天埋沒到工作中，出不了頭。記住，工作是手段、是工具而不是最終目的。不被工作役使的人，才真正具有成長的潛力。

假如你覺得工作很複雜，你可以把它分開來做，假如你一點一點去做，你會做得更多；假如你把工作分得很好。那只需要幾分鐘的時間就能完成一個細節或嚴格部分，你會發覺完成工作的速度，超出你預計很多，你也會發覺這樣比你原來所想像的容易的多了。

在你逐步做完這些細分工作之後，你會有更多的熱忱加快速度完成工作，而且你能從中獲得更大的滿足；但假如你走到了一個死巷子，就別再走下去，你可以先做別的部分，直到這個障礙消除後再去做。當你往別處想，做別的部分時，你的心智就會有一個休息的機會，等你再回頭去做時，你可能已經有了解決問題的方法；但假如你鑽牛角尖死守不放，你就會一直被憂慮所困擾。

第二次世界大戰時期，法國人為防德國人偷襲，耗費鉅資構築了堅固的防禦工事馬其諾防線。我們試想，若德國從馬其諾防線方向入侵法國，那麼不僅會付出犧牲十人兌換法國一人的慘重代價，還將貽誤戰機，讓法國做好充分的應對準備，戰爭被拉入持久的降地戰，這可是缺乏戰爭物質儲備的德國人承受不起的，一戰德國人就輸在持久消耗戰上。於是靈活而行事謹慎的德國人，選擇了從荷蘭、比利時方向進攻以繞過馬其諾防線，結果我們都知道，德國人以少量的傷亡和不到一個月的時間就打敗了法國，迫使對方投降。

靈活善於變通，不僅在戰爭年代的軍事指揮藝術上適用，而且在和平年代的企業員工行事能力上也十分需要。

現代職場不乏冥頑不靈的人，從某種程度上講，這種人極不善變通，他的適應力和接受能力較差。一旦他有先入為主的觀點，你的想法便很難被他理解，與他交談，你要有十足的耐心，做好化解他的執著的心理準備。很多時候，你要動用多數人的意見，擺事實講道理，慢慢地說服他。

靈活善於變通的員工還表現在對老闆褒獎的正確應對上。

當老闆表揚員工時，有些員工會過分地表示謙虛和推卻，還有就是冷淡對待老闆的表揚或誇獎，這樣做是絕對不夠明智的。這樣的員工大有人在，他們在做出了一定的成績得到老闆的稱讚時，常常表現得若無其事，表情冷淡，只是淡淡地回答：「這沒什麼。」可能他自認為那件事本身就沒什麼，小事一樁。但這種回答卻只能給人留下負面印象，也會對他的工作實績造成負面影響。

如果你不能對老闆的稱讚做出積極的應答，那麼無疑會失去一次向老闆表現自己的大好機會，甚至還會因為你不恰當的應答方式而削弱你辛辛苦苦做出來的成績，破壞你在老闆心目中原本不錯的印象。因此，千萬不要在這種時候過分謙虛，如果你想以自己的過謙來贏得老闆的欣賞，那最終結果一定會讓你大失所望。

同樣一項工作，有的員工可以十分輕鬆地完成，而有的員工還沒有完成就不時出現這樣那樣的問題。又如在生產一線，假設同一個時段裡，同一臺設備，生產同樣的產品，讓不同的人來做，產量和品質就是不一樣。這除了個人反應能力等先天條件外，關鍵就在於有的人用大腦在工作，他會去考慮如何用有效的方式在最短的時間內生產更多更好的產品，而有的人僅用雙手在生產。

上海凌宇電子商務公司負責人馮天談到優秀員工的工作方式時認為，優秀員工的工作方式是用大腦工作。用腦工作的員工會去考慮如何用最低的成本、最少的時間把工作做得更好。好員工會把主觀能動性充分融入到工作中去。

社會越進步，對人們的知識面要求就越寬，尤其是在目前的競爭社會中，人人都要學會創造、學會開拓，而創造開拓都離不開創造性思維。創造性思維是對已經熟識的事物有意識地持懷疑態度，把已有定論的理論、經驗、做法，按照自己的觀點和思路去進行驗證或解釋，進而獲得新的突破和發現。一個員工要想培養靈活善於變通的能力，就要有新穎的創新意識。

日本東芝電氣公司於1952年前後，曾積壓了大量的電扇賣不出去，7萬多名職員為了打通銷路，想了不少辦法，依然進展不大。有一天，一個小職員向董事長石板提出了改變電扇顏色的建議。在當時，全世界的電扇都是黑色的，東芝公司生產的電扇自然也不例外。

這個小職員建議把黑色改為淺色。這一建議引起了石板董事長的重視。經過研究，公司採納了這個建議。第二年夏天，東芝公司推出了一批淺藍色的電扇，大受顧客歡迎，市場上還掀起了一陣搶購熱潮，短時間內就賣出了幾十萬臺。而且，從此以後，在日本，以及在全世界，電扇就不再是一副統一的黑色面孔了。

此例極具啟發性。僅僅改變了一下顏色，大量積壓的電扇短時間之內就銷售了幾十萬臺。這一改變顏色的簡單設想，效益竟如此巨大。

而提出它，既不需要有淵博的科技知識，也不需要有豐富的商業經驗，為什麼東芝公司其他的幾萬名職員就沒人想到、沒人提出來；為什麼日本以及其他國家的成千上萬的電氣公司，以前就沒想出來？因為他們太墨守成規，太拘泥傳統，太缺乏突破創新的變通意識了。

美國南北戰爭時期北方統帥格蘭特將軍從不照本宣科、機械模仿軍事教材，為此他受到了許多戰士的非難和無情指責，但最終他打敗了南軍，並以此赫赫戰功軍銜蓋過美國獨立之父華盛頓，後又當選美國第18任總統。

並不熟知所有戰術的拿破崙，自己制訂了切實可行的新戰略戰術，結果連連擊潰了五次歐洲「反法同盟」，創造了一個又一個的軍事奇蹟，幾百年來為世人崇拜。

富蘭克林．羅斯福的「新政」，很少參照白宮前任主人們的施政方針。做過員警、公務員、副總統的他，絕不模仿他人，總是堅信自己的意見，他做出了傲人的業績：不僅成功幫助美國度過了20世紀三〇年代的世界性經濟危機，還取代了英國的世界經濟霸主的地位。

第5節 關鍵時候給人伸出溫暖的手

一個人不可能孤孤單單地活在這個世界上。儘管活著對誰都不容易，但要很好地活著，卻不能少一點寬容與善良。沒有寬容的情懷與善良的心境畢竟不能使一個人生活的如意。中國人常講的「萬事如意」，可謂是頭緒繁多而且意願美好。但願望歸願望，誰都會碰到困難，需要幫助，這時的你就是即時雨。

千萬別拿別人求你的事不當一回事，幫人等於幫自己。你不拿人家當回事，人家也犯不上總理你，誰活在這個世界上都有求人的時候，你別給自己樹立一大堆敵人，要想得到別人的尊重，就盡心盡力幫別人解點憂，別總是在背後說廢話，白以為是太陽。

《水滸傳》中有一個宋公明，人稱宋江的便是。這個人最初只是一個小衙吏，在當地算是個土財主，憑這微末的道行，到水泊梁山坐第一把交椅似乎不好理解，他有什麼本事？那一百零七將都是何等人物，但是，怪得很的是，大家都擁護他，拿他當皇帝一樣供著，他說一就不二。這當然是有原因的：原因是他給晁蓋們報了信，那是一場即時雨啊！這樣，他在江湖的威望就算立住了。可見，這即時雨比什麼都值錢。

宋江是聰明的，人家審時度勢，幹出的是讓人豎大拇指的事。可是有些人不是，他們在事後發表自己的高見，每當你辦事不利，他就會說出一車子的埋怨話，埋怨你為什麼當初不跟他商量，那架勢讓你感到自己慚愧得不得了。可是，你如果真有什麼事跟他商量，他又是半點主意都拿不出來，你逐漸就知道了，他們其實也說不出幾句話來，大抵就是「我不是說過了嗎？」、「你怎麼不早跟我說呢？」……諸如此類，乏味得很。

這被人們稱為「馬後炮」，這種炮沒有任何價值。有一種比賽有點這炮的味道。這種炮品質不錯，能夠把體現大學生廣博學識和縝密思維的辯論活動和體現高科技的大眾傳媒結合起來，創意實在不錯。

但是，最近幾年，辯論賽的品質卻是逐年下滑。直至發展到鬥嘴的程度，我不得不認為這是一種悲哀。特別是這種比賽還被當做節目搬到晚會上去，實在是令人跌破眼鏡。一切辯論所需要的邏輯能力、知識能力、用詞能力、配合能力都不見了，取而代之的是一場生

活話題的嬉鬧。

大學生辯論活動從1993年復旦大學「獅城舌戰」引起社會廣泛迴響至今，也已經有六、七年了，它的目的毋庸置疑，一方面想展示當代大學生的時代責任感和進取意識；另一方面為了推動中國國民的思辯性與口才鍛鍊。大學生們在辯臺上應以邏輯領導理性，以嚴密要求技巧，辨證地闡釋觀點，讓我們喟嘆到具有高度邏輯性的知識透過雄辯的方式展現，是不可戰勝的。

可是，沒有真理就沒有深刻意義上的贏家。

類似辯論場上主持人一句「兩支隊伍不分勝負」，不折不扣地為此做出了註解。觀眾們終於感到，原來電視上那群大學生假模假樣地就是在遊戲呀！那些所謂的理論不過就是紙上談兵而已吧？體現「以退為進、守柔處弱」等中國哲學大智慧的辯論活動，本來於學術和做人都是有益的，現在，卻無話可說。這種沉默構築了馬後炮的後果，什麼問題都解決不了。

所以，做人一定要做即時雨，關鍵時候給人伸出溫暖的手，人家舉凡有點良知，就不能忘了你。

第6節 此路不通彼路通

馮燕長得端莊、秀麗，她表姐在外商公司上班，收入頗高，工作環境也很好，對馮燕的影響很大。馮燕也想走進這個行業，無奈她的英語太差，單字記不住，語法也總是弄不懂。馬上要面臨大考了，她想報考英文系，可是越急越學不好。她整天想著白領階層的生活，不知不覺沉浸其中。

她將所有時間都押在英文上了，其他課目全部放棄。由於只有一條路，她更擔心一旦考不上英文系，那就全完了。整天就想著考上以後的生活，考不上又怎麼辦，而全無心思專心學習。

雖然「白日夢」是青春期常見的心理現象，但整天沉醉於其中的人，往往是那些對現狀不滿意又無力改變的人。因為「白日夢」可以使人暫時忘記不如意的現實，擺脫某些煩惱，在幻想中滿足自己被人尊敬、被人喜愛的需要，在「夢」中，「醜小鴨」變成了「白天鵝」。

做美好的夢，對智者來說是一生的動力，他們會由此夢出發，立即行動，全力以赴朝著這個美夢發展，而一步步使夢想成真；但對弱者來說，「白日夢」不啻於一個陷阱，他們在此處滑下深淵，無力自拔。

如何走出深淵呢？要有勇氣正視不如意的現實，並學會管理自己。這裡教你一個簡單而有效的方法，就是給自己制訂時間表。先畫一張週計畫表，把第一天至少分為上午、下午和晚上三格，然後把你在這一週中需要學習的英文知識統統寫下來，再按輕重緩急排列一下，把它們填到每天格子中去。每做完一件事情，就把它從表上劃掉。到了週末總結一下，看看哪些計畫完成了、哪些計畫沒有完成。這種時間表對整天不知道怎麼過的人有獨特的作用，因為當你發現有很多事情等著做，而且做完一件事就有一種踏實的感覺時，就比較容易把幻想變為行動了。你用做事擠走了幻想，並在做事中重塑了自己，增強了自信。

對事例中的馮燕來說，即便將來進不了外商公司，她也一定希望自己生活得好一點。她現在只覺得英文有用，是因為沒有發現其他學科與未來生活和工作的關係。所以其他學科不應放棄，這叫多一門知識，多一條道。

這條路行不通，不要猶豫，立即換一條路，即使這條道上行人稀少、環境惡劣，但這往往就是通向成功寶殿的大門。行行出狀元，在無力接受某一課程時，千萬不要強求自己，否則只會越來越糟，耽誤時間不說，還誤了美好前程。

第7節　不要「紙上談兵」

美國的柑橘是從中國引進的。當初引進的時候，美國人不知道該引種到哪個地方好，於是組織一個專家組進行專門的研究。

這彷彿是一個很難的問題，然而專家組得出的結論卻很簡單。

影響柑橘生長的最重要因素是溫度，而地球上的溫度主要是由緯度所決定的。柑橘之鄉福建的緯度恰好和美國的加利福尼亞相似，因此，最好是引種到美國的加利福尼亞州。實踐證明，專家組的結論完全正確，柑橘在加利福尼亞州獲得了大豐收，而在別的州卻收穫甚微。

柑橘、溫度、緯度、福建、加利福尼亞州，本都是風馬牛不相及的事，經過專家的集體研究，卻發現它們之間存在著必然的關係，進而促成了柑橘在美國安家落戶，為美國人民造了福。這都是思維的功勞。

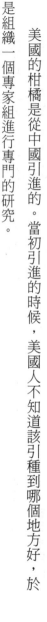

如何加強思維訓練呢？

首先從思維的含意上來講。思維包括概念、判斷和推理，在概念這一方面，要弄清楚概念本身的內涵和外延，然後根據其內涵和外延做出是或不是的判斷。這兩步都很容易做到，最難的就是推理了。推理需要大腦根據已掌握的知識，慎重考慮，加強聯繫，決定取捨，由此到彼。稍有不慎，就可能出現胡亂聯繫，做出錯誤推理。

要想做出正確的推理，就要充分理解這三者之間的關聯，保證各環節之間的正確性、邏輯性和連貫性。

其次，要有豐富的知識。

人具有豐富的知識後，才能夠理解各事物之間的關聯，這樣在啟動思維後，就容易直接引導走向正確的思維，減少失誤。

再者，要加強思維的敏捷性、多樣性和邏輯性。

人們對某一事物的反應是有時間性的，反應的快慢就構成了思維的敏捷性，思維越敏捷，就越容易盡快地抓住事物的本質。而在某一方面思維的延伸不通時，就馬上向另一方面思維，或多方面思維。這就是思維的多樣性。思維的多樣性不易使人陷入死胡同。但不管思維多敏捷，思維的轉換和方向有多大，思維均要講究邏輯性，只有邏輯性，才能把事物有機地連在一起，進而使思維向健全的方向發展。

學習知識、掌握知識的目的，是為了讓知識造福於人類。知識如果不與實踐相結合，那就成了一堆廢物。「紙上談兵」這個典故大家都非常熟悉，趙奢是趙國的大將，其兒子趙括自幼熟讀兵法，談起兵法來頭頭是道，無人能敵，連久經沙場的戰將趙奢也不得不佩服。趙奢死後，趙王派趙括為大將鎮守邊關，結果在與敵人的交戰中大敗，趙括本人也自殺而亡。

「紙上談兵」多少也給我們一定啟示：兵法再懂，用兵之道再曉，不與戰爭的實際相結合，失去了天時、地利、人和，不可能不失敗。

生活中有許事情的發展與知識的多少有關，尤其是否具有敏捷的思維，關係到你在競爭激烈的市場中能否站穩腳跟。請看下面一例：

周口味精廠是1984年成立的，成立之後面臨著生產、銷售與上交國家上百萬元利稅的三大難題。工人們硬是憑著幹勁把品質提高了，但這個「名牌」——蓮花牌味精在中國沒有市場，打破市場的地方保護主義在當時又不可能。怎麼辦？

這個時候，企業領導人費盡心機，從市場經濟的角度進行分析，讓味精在實踐中，即在廣大消費者食用品嚐的過程中被消費者認可。透過這一招，廣大消費者終於認可了周口味精廠的「蓮花」牌味精，當年就在中國消費市場中立穩了腳跟，並為國家上交了鉅額利稅，使企業和國家都獲利。

所以做事情一定要把理論與實踐相結合，才能真正成功，否則真的是紙上談兵。

Chapter 7

打造自己的人生品牌

——絕不違背價值觀

第1節 培養良好的自我意識

良好的心理自我意象對一個人的言行舉止有著很重要的影響。心理學家告訴我們，每一個人對自己的外貌，都曾有一個心理印象，而這個印象卻常與事實不符。

心理學大師佛洛伊德有一次在旅館的休息室裡，被鏡中的自己嚇一大跳。他注視著那個人問：「這個又老又醜的傢伙是誰？」這位心理學之父也與現實脫了節，因為他把自己想像成一個年輕的小伙子。

瑪律茲博士發現，很多畸型的病人經過整形後，無法接受已經改變了很多的外型。即使看了照片證明原來的缺陷已經改變，他們還是不肯相信。這個經驗使得瑪律茲博士體會到自我意象的重要性，而使他創立了自己的心理學理論。

佛洛伊德把自己看得年輕英俊很多，瑪律茲的病人仍把自己看成畸型，這些都錯了。我們大部分的人，都會因為錯誤的自我意象，而把自己的外表估量錯了。

你早上走出門的時候，如果對自己的外貌感覺並不很好，今天就不可能完成很多事，因為你對工作也不會持有一種積極的心態。我們不能完全控制外表，但是這沒關係，因為我們可以控制心態。

心理學家告訴我們，大多數人從不會花一點點的時間和精力，坐下來想一想他們是誰，生命中需要的是什麼。誠然，世界上有許多人因輕率地選擇職業，進而痛恨自己的工作。有些人則為了取悅某些人而選擇職業。許多人到了中年才承認，他們是為了滿足父母而選擇科系和職業的。

有勇氣扮演好自己的角色，那麼你已經成功了一半，找一個適合自己的工作職位，全心投入工作吧！

南丁格爾說：「我們第一段旅程，就是要為自己找一席之地——不是在一個腐蝕心智的地方工作，也不是因為別人都那麼做，或是這件工作能賺得生活所需。這個世界一定有一個地方適合我們每一個人，就像拼圖遊戲一樣，我們就是其中的一塊。在這一塊地方，我們會感到很恰當、很舒服，就像穿上一件穿多年的舊夾克一樣。」

只要我們找到了適當的地方，就能克服一切困難，達成我們的目標，但這一切需要勇氣。

許多人在某一行幹了一段時間之後，即使選擇是錯誤的，也不敢去改變它。這些人就如作家亨利．梭羅（Henry David Thoreau）所說的：「把生命導向平靜的絕望。」一個人的決定，也許跟另外一個人相同，但每個人一定要忠於自己的特性。要改變方向需要膽量，但你若不找到一個真正適合你的工作，是不會快樂的。

往深一層想一下，你會不會到一家服飾店，隨便拿一件夾克，連試都不試就買下來呢？當然不會。

你的工作不適合你，就像買了件不合身的夾克一樣。當然你可以不扣紐釦，這樣覺得舒服點，或拉一拉袖子，把袖子弄長一點，或是駝一點背，這樣看起前襟長一點，但不管你怎麼做，都不會使這件夾克變得合身舒適。唯一的辦法是到服飾店裡，多選幾樣，然後再挑合身的那一件。

我們可以責怪我們的環境、性別、教育程度，是我們失敗的原因，但事實上，只要願意，我們就可以克服這些困難。

你是不是願意冒點險，去做個自我的建築師呢？這個問題不容易，但也只有你能回答。你只需無比的勇氣和耐力，加入奮鬥的行列，盡力去做，你將得到意想不到的掌聲。

愉快地接納自己，這是一個人生活美好的關鍵。它是建立在自信之上的自我價值判斷。時刻都不要忽視自己，充分接納自我，才能在工作中發揮得更為出色。

培養良好的自我意識，找一份適合自己的工作去做吧！這樣你不僅心情愉快，還會獲得巨大的物質利益。

第2節 打造自己的人生品牌

有位哲學家說：「真誠和虛假只在那一瞬間表現，就如同聖主耶穌和魔鬼撒旦在你的靈魂中主宰一樣。」

英國偉大的戲劇家莎士比亞說：「你對待自己要誠實，正如白晝過去才有黑夜一樣，對自己誠實的人，才不會對任何人欺詐。」

這段深刻而不朽的話告誡世人：一個對自己不誠實的人，就不會對別人誠實；一個欺詐別人的人，本身就是對自己的欺詐，只有以誠待己，才能以誠待人。

英國有個叫艾米的員警，就是一個對待自己很誠實的人。一次，他駕車到英格蘭風景如畫的湖泊區渡假，發現自己在限速30公里區域內以時速33公里駕駛之後，給自己開了一張違規駕駛罰單。他回憶道：「由於當時見不到其他警員在場，無人抄牌，而最簡單的辦法莫過於把車停在路旁，走下車來，開了一張罰單給自己。」

他返回市區後，立即把這件事報告交通當局。主管違規駕車案件的法官起初大感意外，既而大受感動，這位法官說：「我當了多年的法官，從未遇到過這樣的案件。」結果，他判罰艾米25英鎊。

艾米在警界30多年，憑著對自己的誠實，打造了受人信賴的人生品牌。在日內瓦舉行的國際退役警員協會授獎會上，榮獲「世界最誠實的員警」的榮譽。

我們常常發現那些值得被別人信任的人，總會得到意想不到的回報。有些人會認為那是他們走運，其實不然，在這個世界上並沒有絕對的運氣。這些人之所以會獲得別人意想不到的成就，主要是因為他們的人生價值和個人形象早已得到了別人的認同，他們用自己的行為和品德樹立了自我的品牌。誠信，就是他們的代名詞。

誠信是人們在社會活動中所建構的一種相互依存、相互支持、互不分離的情感。它具有很強很強的吸引力，擁有誠信的人，往往會有很多朋友，也會遇到許多貴人。

日本證券公司的創業者、小池銀行和東京瓦斯公司的董事長小池國三，就是靠誠信成功的。小池13歲時離鄉背井，在一家小店做店員，後來又替一家機器公司做推銷員。一次他推銷機器十分順利，半個月時間就與33位顧客簽訂了合約。不久，他發現他賣的機器比其他公司出品的同樣性能機器價格要貴。這時，他想到自己所簽約的客戶如果知道了，一定會感到後悔。於是小池立即帶著合約和訂金，用了3天時間，逐戶進行老老實實的說明，詢問客戶是否廢止合約。這種誠實的做法，使客戶很受感動。結果，這33位之中不但沒有一個毀約，同時還加深了對小池的信賴和敬佩。誰能說誠信不是人身上最寶貴的無形資本？許多人只知道金錢可以用來投資，卻不懂得誠信是生意場上另一種不可缺少的投資。這個無形資本，是任何物質價值和利益所不可比擬、不可代替的投資。小池就是用這種投資，贏得了人們的信任，於是一傳十，十傳百，人們紛紛前來與他訂貨。後來，小池就創立了自己的證券公司。

那些沒有誠信的人，就彷彿樹木沒有了根，因此即使他們擁有滔天的學識，最終也不會成功。也許這些人會因欺詐等手段而獲得一時的利益，但是他們永遠無法獲得長久的成功，因為他們無法獲得別人的尊重，也不會獲得自身心靈的寧靜。

一個人要想打造自己的人生品牌，就必須從誠實做起，從一言一行開始，老老實實地做出一些業績來讓人看，以誠實取信他人。大事上要講誠信，小事上也要講誠信。比如說，你答應和朋友們一起去登山，到時候就不要失約。你借閱朋友的書，到時一定要還給人家。你答應把你最心愛之物借給朋友，就一定要說到做到。做不到的事，無論大小，千萬不要因礙於情面而信口允諾。允諾了的事做不到，有如鏡子，一有裂痕，就難以復原。

你學會了做人的誠信，久而久之就能打造出自己的人生品牌。你有了誠信品牌，就等於獲得了成功的通行證，這比你擁有萬貫家財更有意義、更有價值，因為誠信能獲得大家的喜歡，贏得大家的支持，能把大家吸引到你的身邊。這時候，成功對你來說，就像用一塊金子換取同樣大小的一塊石頭那麼容易。

言而無信，無人信你；有言有信，方有人信你。所以「信」是一個人一生中彌足珍貴的東西，切不可疏忽它！

第3節 堅守你的責任

責任對我們來講，是人生義務的勇敢擔當，也是對自己所負使命的忠誠和信守，有些時候，責任所表現出的還是一種對生活的積極接受。有責任感的人會因為勇於承擔責任的重擔而讓自己的人生充滿意義。因為堅守責任就是堅守我們身為人最根本的人生義務。

有這樣一個故事：

一個漆黑的大雪天，約翰．格林中士正匆匆忙忙地往家趕。當他經過公園的時候，一個人攔住了他。「對不起，打擾了先生，您是位軍人嗎？」看起來，這個人很焦急。約翰不知道發生了什麼事：「噢，當然，能夠為您做些什麼嗎？」

「是這樣的，剛才我經過公園的時候，看到一個孩子在哭，我問他為什麼不回家，他說，他是士兵，正在站崗，沒有命令他不能離開這裡。誰知道和他一起玩的那些孩子都跑到哪裡去了，大概都回家了。天這麼黑，雪這麼大。」這個人說：「我說，你也回家吧。他說不，他必須得到命令，站崗是他的責任。我怎麼勸他回去，他也不聽，只好請先生幫忙了。」

約翰和這個人一起來到公園，在那個不顯眼的地方，有一個小男孩在那裡哭，但卻一動也不動的。約翰走過去，敬了一個軍禮，然後說：「下士先生，我是中士約翰．格林，你為什麼站在這裡？」

「報告中士先生，我在站崗。」小孩停止了哭泣，回答說。

「天這麼黑，雪這麼大，為什麼不回家？」約翰問。

「報告中士先生，這是我的責任，我不能離開這裡，因為我還沒有得到命令。」小孩回答。

「那好，我是中士，我命令你回家，立刻。」約翰的心又為之震了一下。

「是，中士先生。」小孩高興地說，然後還向約翰敬了一個不太標準的軍禮，拔腿就跑了。

約翰和這位陌生人對視了很久。最後，約翰說：「他值得我們學習。」

小男孩的倔強和堅持看起來似乎有些幼稚，但在這個孩子身上體現的對於責任的這種堅守，是很多成年人無法做到的，我們不僅對自己負有責任，我們還對別人負有責任。正是責任把所有的人連結在一起，任何一個人對責任的懈怠都會導致整個社會鏈的不平衡。

我們這個世界就像一個大機器，每一個人都是機器上的一個齒輪，一個齒輪的鬆動都會引起其他齒輪的非正常運轉，進而影響到整個機器。對於這個社會如此，對於社會的一個單元——企業，亦是如此。

親愛的員工，你是否趁經理不注意時偷偷地溜班，或者講著與工作無關的電話，就像當年上課時趁老師不注意偷偷地擺弄新買的鉛筆？又是否將本來屬於自己的工作推託給其他的同事，就像「大個子吉姆」始終都認為別人比自己做得少？抑或當老闆交代一項任務時，你不停地提出這項任務有多艱巨，暗示老闆是否在你做成之後給你加薪或者你做不成也情有可原，因為這的確不是一項容易的工作？

這樣的人不多但也不是少數，要不然有問題的企業為什麼還那麼多，顧客的滿意度為什麼還那麼低？每一個老闆都清楚他自己最需要什麼樣的員工，因為一個員工有時就代表一個公司的整體。所以，親愛的員工，不要以為自己只是一名普通的員工，其實你能否擔當起你的責任，對整個企業而言，同樣有很大的意義。

對一名公司的職員來說，責任是什麼？責任就是自己所負使命的忠誠和信守，責任就是對自己工作出色的完成，責任就是忘我的堅守，責任就是人性的昇華。總之，責任就是做好公司賦予你的任何有意義的事情。

我們每一個人都在生活中飾演不同的角色。

無論一個人擔任何種職務，做什麼樣的工作，他都有對他人的責任，這是社會法則，這是道德法則，這還是心靈法則。一個人可能設法逃避承擔責任，他可能會遊刃有餘地躲過社會法則的懲罰，但他最終很難逃過道德法則和心靈法則對他的懲罰。

也許有些人會疑惑，自己所承擔的責任到底是什麼？其實這個世界就是一個巨大的舞臺，我們每個人在這個舞臺上都演繹著不同的角色，子女、父母、上司或下屬，當然我們也有可能同時扮演著多個角色。那麼責任就是我們這個角色所應承擔的一切，對角色的成功扮演就是我們對責任最好的完成。

社會學家大衛斯說：「自己放棄了對社會的責任，就意味著放棄了自身在這個社會中更好生存的機會。」所以我們需要做的，就是勇於承擔責任，正視自身的責任，這樣我們才會取得自己想要的成功。

第4節 不要對工作心存怨恨

我們也許不會改變自己被別人設定的道路，但是我們可以改變走在路上的心情。做一件工作，我們可以懷著愉悅的心情好好地完成它，也可以痛苦的去做。這是兩種不同的選擇，但是既然決定權在我們自己手中，我們為什麼不選擇輕鬆、快樂呢？

有一位這樣的年輕人，他的工作實在糟透了，他根本就不想做這樣一份讓人討厭的工作。但是，為了薪水，他又不得不去做。他在心裡其實恨透了這份工作和他的老闆。他從來就沒有好好地認真對待過這份工作，他的老闆似乎天生和他有仇似的，他逢人就說老闆的壞話。

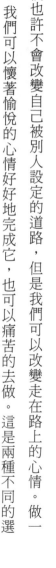

這樣的年輕人是多麼悲哀啊？也許明天等待他的是失業。要知道，今天得到一份工作的機會是多麼難得啊？但是，他卻不去珍惜，直到失去了工作才感到懊悔。這樣的年輕人幾乎到處都有，他們常常在不停地找工作，卻一次又一次地被老闆解雇，永遠沒有成功的那一天。

許多人對於自己的工作職位都沒有使命感，他們常常把問題歸咎到工作上頭，但是這樣的理由聽起來實在很荒謬。雖然大家都會對自己的工作有諸多抱怨，但是，有些人依舊傾注全部的心力在這些看似枯燥的工作上頭。

不管是哪家公司或是機構，總是會有人留一手，沒有完全盡到自己的本分。但是另外也有些人會只做自己應該做的事情，不多也不少。另外有些人，則會傾注全心在工作上，他們的付出遠遠超出自己的本分。公司需要的是這種能夠激發別人投入工作的人。

有些人雖然每天都去上班，但是並不會全心全意地投入工作，只是每天重複一些固定的動作而已，而且工作態度隨隨便便，甚至毫不在乎。但是，這種人在當今的社會裡頭已經沒有多少存活空間了。光是打卡上班、處理例行事務是不夠的，對工作沒有使命感的人，過不了多久就會被時代淘汰。

因此，你千萬不要對你自己的工作心存怨恨。不要怨恨那個賺錢比你多的傢伙，也不要因為老闆對你發號施令，你就對他恨之入骨。要想在工作中獲得輕鬆，我所知道的最佳方法就是每天在工作中盡力表現，使自己獲得滿足感。也許將來某一天你可以獲得一項很好的工作，但目前你要對你的工作表現感到驕傲，接受你目前的情況——由於你已經盡力而為，因此你有絕對的權利在工作中放鬆心情。

我認識這麼一個內心豐富的人。他的眼神寧靜而友善，遇到每個人時，眼神總會露出溫馨的微笑。由於他本身充滿安詳與愛心，因此他能協助其他人減少緊張情緒——比鎮靜劑還有效。每個星期他都要到醫院裡探望病人，有很多病人情緒緊張，對前途感到茫然不安，他陪他們坐上20或30分鐘，傾聽他們的憂愁，安撫他們的恐懼感。對他來說，他們只是陌生人而已，但他卻總是設法鼓舞他們。他並不期望獲得報酬，這就是他的天性：坐下來和人們聊天，表現出友善及關懷。他經常給一些受苦的人帶來歡樂。如果這種輕鬆愉快的心情能夠廣為傳播，那麼他將使得整個世界沐浴在慈愛之中。

我們在工作當中，也應該有這樣一種精神，一旦我們有了這樣一種心情，我們就可以輕鬆而快樂地工作，工作就不再是一件累人的事情，而會成為一種享受。

每當在工作中遇到煩惱的時候，你都要想：「如何讓我比現在更快樂？」每一次遇到挫折的時候，你都要想：「成長的機會要來臨了。」每當做事遇到壓力的時候，你都要告訴自己：「我一定要享受這工作的樂趣和過程。」

不要再怨恨你的工作了，它有什麼錯，關鍵是你自己怎樣想。既然擺脫不了，何不讓自己快樂呢？也許就在這時你獲得了成就。

第5節 人貴有自知之明

人貴有自知之明。一位偉人說過：「痛苦常常屬於沒有自知之明的人。」事實上，沒有哪個人可以在人生的每一方面都表現出色。如果我們低估或高估我們的力量，那麼我們的決策失誤，所遭受傷害的程度就會增加。

什麼是自知之明呢？那就是心中對自我所設下的「定義」，也就是這個定義使得我們跟其他人不同，不管這個定義下得好或是不好，甚至於根本就無所謂。就是對這份「自我」的定義不堅信了，以致於我們給自己的人生畫下了疆界、設下了障礙。

瞭解你自己的最好方法是站在一旁，像陌生人一樣來評估你自己。接著，要盡可能客觀地進行自我檢視，評估自己的能力並認清自己的缺點。

可能有人認為這是一種毫無意義的行為，但我們都有自欺欺人的弱點，我們都會為自己的弱點尋找理由，為自己的失敗找藉口。

我們中很多人都相信自己比實際情況要好得多，我們都認為自己在事業上沒有做得更好的主要原因是我們沒有運氣。我們竭力迴避這樣的事實：缺乏行動或故意拖延、不夠注意、逃避義務等等。

很多人總有懷才不遇的感慨，老覺得自己空有好本領，卻無緣得人賞識，要不是自怨自艾機遇不足，就是到處求神問卜，企求時來運轉。再不然，就是走起路來無精打采，說起話來畏畏縮縮。在別人的眼裡，他只不過是個毫無自信的庸才而已。

然而，我們中的另一些人卻認為我們比實際情況還要糟，我們缺乏自信，我們感到不適，我們逃避棘手的挑戰，因為我們不想失敗。

結果，我們註定一生平平庸庸。

讓我們來對付這種自欺欺人的行為，停下來嚴格地看待自己。為了在短時間內令人印象深刻，當然就得把自己最好的一面盡量展現，此乃人之常情。機會是自己創造的。如果你不能在適當的時機表達適當的意見，別人又怎會瞧見你的存在？

不要怕自己的意見流於空泛、和別人沒什麼兩樣，只管表達出來。因為你的智慧、經驗絕對不會跟別人一模一樣，由此而來的邏輯思考就會不同，經過思考後的結論當然也不會和他人一樣庸俗，自有你獨到之處。何必害怕別人的非難呢？可是有些人過於得意忘形，只顧強調自己許多不得了的成就，反而忘記偶爾透露一下自己的缺點。

勇於承認缺點的人在別人心目中的評價頗高，因為任何事不可能萬無一失。承認自己的缺點也就更符合人性，更加誠實；只要是人，沒有永遠只贏不輸的。

肯自暴其短，對任何行業的人都很管用，不論是百萬富翁，還是人生剛起步的年輕人。別怕告訴別人自己的失敗經驗與切身感受，這樣在提起當年勇時，旁人才會相信你所言不假！坦白產生信任，而非猜忌。

從現在開始，做自己想做的人吧！而且，還要堅信你真能成為那樣的人。永遠記得自己是個多麼特別的人，因為你就是那樣的人。走你想走的路，讓別人可以清楚地看到你對自己充滿了自信。要展現這種自信的神情，請你一定要保持步履輕盈，時時來首輕鬆的歌，讓全世界都知道你無時無刻都很快樂，每天對你而言都很特別。俗話說得好：「相由心生」，就是這個道理。

許多人在和別人面對面時，常會猶豫不決，深怕說錯話、表錯意見。這並不表示他對討論中的事情不懂，因為有時連討論到自己專業上的事情他也是如此。所以歸根究底，最重要的原因是他沒有自信心；他不曉得自己的一言一行是那麼舉足輕重，足以為他人表率。

相信你自己，因為你很特別。只有你先能自信，別人才能信你。

我們每個人的潛能都是無窮無盡的，然而，能發揮多少，就全看我們對自我是怎麼看待的。比如說，如果你認定自己是一個有能力、有才華的人，那麼就會發揮出符合你這樣認定的一切天賦；同理，不管你認定自己是個「窩囊廢」或「瘋子」，還是認定為是個「贏家」或「風雲人物」，這都會馬上影響你對自己潛能的發揮。

做任何事都要有自知之明，這樣你才能更準確的判斷自己的能力，發揮自己的潛力。

第6節 審慎自我

一位朋友的書房裡，赫然醒目地掛著一張條幅：「在飛逝的今天，你為生活留下了什麼？」而且問號寫得特別大。朋友說：「這張條幅像懸在我脊樑上的一條鞭子，問號像一把鋒利的離別鉤，直刺我的心靈。」朋友認為，善待每一天是成功人生的真實寫照，每一天都是描繪成功人生畫卷的一筆，我們必須認真地畫好每一筆。人生也好比一卷長長的膠片，每一格膠片紀錄著每天的生活態勢。

這就是反省，反過來審查自己，檢討自己，時刻發現自身的不足，並即時改正。反省也是人生活方式的一種，有了反省，人們可以很好的對自己進行客觀的評價，對自己做錯的事，知道悔悟和責備，這是敦品勵行的原動力。不反省不會知道自己的缺點和過失，不悔悟就無從改進。

著名作家錢金，寫了大量關於愛與人際關係方面的書籍，影響了很多人的生活。據說，他之所以有這樣卓越的成就，完全得力於小時候父親對他的教育，因為每當吃完晚飯時，他父親就會問他：「錢金，你今天學了些什麼？」這時錢金就會把在學校學到的東西告訴父親。如果實在沒什麼好說的，他就會跑進書房拿出百科全書學一點東西告訴父親後才上床睡覺。這個習慣一直到今天還維持著，每天晚上他就會拿十年前父親問他的那句話來問自己，若當天沒學到點什麼東西，他是不會上床的。這個習慣時時刺激他不斷地吸取新的知識，產生新的思想，不斷進步。

人無完人，是我們常常聽到的一句俗語。大家都聽過，並不代表大家都懂，有些人就是會想當然的覺得自己是最好的，沒有缺點的。這就需要「反省」出現了，反省的目的就是希望透過自我監督，使自己知道自己的不足，即時改正不正當的態度。反省能使我們的想像力更敏銳，使我們可以更好的認識自我。

反省的方式可以靈活多樣，至於反省的方法，有人寫日記，有人則靜坐冥想，只在腦海裡把過去的事拿出來檢視一遍。

只要我們都關注自身的發展，我們就無法迴避認識自我。我是誰？我能做什麼？我做得怎樣？我要到哪裡去？……茫茫的人生旅途跋涉，我們都必須亮起一盞心燈，時時叮囑自己：「一路走好。」只有這樣，我們的成功之路才能越走越寬廣。

孟子云：「吾日三省吾身」。這是聖賢的修身功夫，凡人不易做得到，但時時提醒自己，檢視一下自己的言行卻不是太難的事，一個人有了不當的意念，或做了見不得人的事，可能瞞過任何人，但絕對騙不了自己。人之所以會做對不起別人的事，不單是外界的誘惑太大，更多的是自己的慾念太強，理智屈就於本能衝動。一個常常做自我反省的人，不僅能增強自己的理智感，而且必定知道什麼是自己該做的，什麼是自己不該做的。

Chapter 8

適度才是最好的

——要懂得平衡的藝術

第1節 肯定自己的價值

柯穎參加過一次市級畫展，那次畫展，她的作品只受到一位中學生的青睞。這位中學生後來成了她的丈夫，也是賺得友誼業——卡片製造公司的總經理。那次畫展後她收到一封熱情洋溢的求愛信。信中的男青年說她幾乎畫出了他童年的一切，他的童年就是牽著一頭牛長大的。「可是，幾十年後的今天，妳卻畫的那麼像，那畫上的牧童就是我。」

柯穎感動得熱淚盈眶，兩手發抖，這是她收到的第一封情書。她不知道以什麼樣的態度來對待，好幾天專門寫封信都不能準確地表達自己的態度，她渴望愛情，可是又不能像那些正常女孩一樣擁有，想拒絕又不想拒絕。最後，她找到一張質地非常好的紙，透過剪貼，然後在上面畫了一個太陽和一輪殘月，在空白處寫道：「雖在同一片天空，卻是兩個世界。」不久，那男孩將那輪殘月用紅色補圓，在下面寫道：「雖是兩個世界，卻在同一片天空。」

從此，柯穎自製了很多這種卡片寄給那位青年男子，直到那位勇敢的男士找上門來說：「我知道妳殘疾，可是這與我愛妳有什麼關係？妳不要在乎什麼，妳覺得妳毫無用處，可是錯了，妳的雙手會創造一個很富有的世界。」說著從背包裡拿出柯穎寄給他的所有自製卡片，「每當我收到妳寄來的這些自製卡片，我就像看到一個世界，看到妳的心，它像種魔力般吸引著我，令我百看不厭，我想，既然卡片有這麼大的吸引力，我們為什麼不做一些去賣呢！我也沒有職業，只是替別人推銷書籍。」

「我賺得友誼的財富，為友誼的未來美好構想服務，別人得到感情，我得到金錢，我覺得自己賺得得很崇高，這是一項偉大的事業。」很顯然，柯穎那次展出的作品只有一幅，畫的內容是一個光頭牧童牽著一頭蒼老的牛，在一望無際的大地上，朝著太陽走去。她有資格參加畫展，是因為有關人士的同情，絕對不是由於藝術造詣達到了一定的程度，因為她是一位殘疾女子。由於身體的缺陷，她不可能像其他女孩一樣去上大學，到社會的大熔爐裡鍛鍊，只讀完國中便落入家的牢籠，為了打發百無聊賴的日子，她拿起了畫筆。

柯穎的上半身是美女的模樣，那雙水靈靈的眼睛能懾服每一位男性的理智，長長的秀髮和豐滿的胸脯，無窮盡地蕩逸著女性的風韻。可是不幸的是，小兒痲痺無情地奪去了她那雙本該美麗的雙腿。在生命的缺陷中，柯穎無法組建健康的心理和完美的心靈世界，她自殺過四次，最後都因父母全力搶救而失敗。她覺得自己的一生將毫無作為，只能成為社會和家庭的累贅。她拿起畫筆的那一天沒有什麼特殊的興奮感，也沒有什麼偉大目標，她知道自己找到了一種消磨時間的方式，可是她沒有意識到這種消磨時間的方式會為她帶來一個美好的世界。

柯穎激動地發現，男青年很帥又坦誠，為了加強感情，她按照他的指點創造了許多卡片，男青年利用推銷書的機會試著去銷售，起初無人問津，後來有一些小學生購買。有一次一位小學生說：「不買不買，手工做的不好看。」小學生的一句話使男青年茅塞頓開，來到柯穎面前信誓旦旦地宣佈開辦明信片製造公司。男青年到處借款，廠房租好了，各種設備齊全。柯穎一看這種陣勢，只好徹夜不眠，進行各種友誼卡片的設計，第一批產品剛一上市就暢銷一空。

那男青年用賺來的錢還清所有債務的那天晚上，柯穎答應他留宿在自己身邊。兩人艱苦創業，第一次賺夠十萬元的那一個月，他們舉行了婚禮。現在，兩人的業績達到了一百五十萬元（年純收入），還有了兩個兒子，創造的友誼卡已超過八十多種。公司職員六十人，在全國各地都建有自己的銷售網站。

「我們賺得友誼的財富，我們是友誼的使者。」柯穎在一次宴會上對朋友們說，「所以，我們得到了良好的回報，我要感謝我的丈夫，他不但拯救了我，也拯救了一項事業。如果沒有他，我這雙能夠創造財富的手將一文不值，我一生也將碌碌無為。所以，我要告訴大家一個祕密，所有的人手裡都握有很多財富，只要用心去發現，它就會供您使用。」

天生我才必有用，無論你是個怎樣的人，只要你肯定自己的價值，並為你的價值奮鬥時，你離成功已經不遠了。

第2節 學會選擇，懂得放棄

孟子說：「魚，我所欲也；熊掌，亦我所欲也；二者不可得兼，捨魚而取熊掌者也。」

在工作中常出現員工的建議得不到老闆的認可這種情況。在適當改進後依舊得不到老闆採納時，員工就需要也不得不拿出足夠的勇氣和魄力放棄這一想法，儘管該提議，該員工也準備了很長時間，為之做了大量的精力投資和感情投資……但老闆的指示是不能違背的。如果員工向老闆提出建議就能馬上被接受，那固然是皆大歡喜。可是，執行這個建議，老闆必須承擔風險，因為沒有人知道這個建議是不是真的有效。因此在是否採納你的建議上，老闆是相當謹慎的。

放棄後你不能從此心灰意冷，你應該明白：現在的放棄是為了未來的獲得。

我們不要抱怨自己的老闆並不明智，也不要覺得我們的付出並沒有得到相對的回報。換個角度來說，人生並不是只活在現在的，一時的不如意，也許往往會給我們帶來一些其他的東西，晉升的機會，老闆對你的重視。總之眼光要放得長遠，知道有捨必有得。

也許有些時候，我們在物質上並沒有得到滿足，但是我們的精神卻得到了極大的豐富，因為我們的意志可能因此而得到了磨練，我們的溝通與交流能力得到了提高。所以不要垂頭喪氣，將目光放得更遠更廣，你會發現，工作能帶給你的不僅僅是溫飽。

在你的工作多得讓你無法在短期內完成的時候。為了不拖延時間，不影響工作效率，你也需要選擇、細分你的工作。這種辦法對那些不太令人愉快的工作尤其有效。假如一個人必須做件他不喜歡的工作，幾乎每個人都可以做上短短的一段時間。因此，把困難的工作分解成細小的部分，然後把它們安排在你喜歡做的工作空檔之中，雖然這樣需要多點時間去做，但當你完成之時，你一定會很高興。

選擇時，先從要事著手。

艾德．布利斯說過，支配時間的一些基本方法，可以為你決定工作的優先順序，下面是他提出的幾點建議：

重要而緊急的工作應列第一位，你必須立刻去做。否則你將自食惡果。

重要但不緊急的工作則位於第一種工作之後。但大部分人都因這些工作可以拖延而忽略了它，這包括身體檢查、寫信給朋友，或對自己的妻子（丈夫）說「我愛妳（你）」。

緊急但不重要的工作，在別人的表上應列為優先。但如果你放下了你自己的重要工作，而先做這些工作，那你就得從別人那裡尋找支援了。

繁忙的工作你要是花了太多的時間去做它，就是另一種形式的拖延。

浪費時間的工作，應該從你的順序表中除去。假如你認為是浪費時間，那就別忘了沙若．杜內斯所說的話：「生命中浪費的時光，在點滴流逝，原本美好的時光，卻輕忽地流逝了。」

在你開始工作時，你可以自由地改變優先順序，不斷地重新檢討，你才知道什麼是該先做的工作。總之，時時想著自己的目標，爾後再按部就班地完成。

也正因為如此，員工就應當明白「否決是建議的附屬品」這句話的深刻涵義。

選擇時還要分清重點和非重點。

對自己誠實點，騙誰都不能騙自己。其實失敗又真正意味著什麼呢？事實上你到底會失去多少東西？你的工作或前途是不是就會因為失敗而陷入了困境？（到底哪一個更重要一些），你難道僅僅是因為害怕尷尬或者怕失去一些讚譽而恐懼失敗嗎？

但是很多員工都不明白這一點，一旦他們的建議被老闆以各種理由否決，他們就不再向老闆提建議，也不再推動老闆改進工作，謀求發展。只會在有的時候對別人說：「我們老闆是個油鹽不進的老頑固，跟他講什麼都是『瞎子點燈白費蠟』。」

實際上，如果因為一、兩次建議被老闆否決，就放棄自己的努力，責備老闆，這不免有些輕率，不僅於事無補，反而顯得自己沒有能力、缺乏鬥志。

在這種情況下，不是看員工的建議有沒有被採納，而是看員工對自己的建議有沒有信心，有沒有依據；或者是看員工的建議是不是還不完善，存在漏洞，或者是以偏蓋全，然後進行改進，再次向老闆陳述。

一次不接受，就再次建議；再次不接受，就第三次建議。當然，也不能拿著一個爛方案去進行無謂的糾纏。也應當審視一下自己的建議，它之所以會被老闆否決，其原因何在？而不是終日盲目埋怨，自以為懷才不遇。

自己創造工作，然後向老闆提出建議，這其實是有一定困難的。員工的建議不可能全都可以順利通過。所以，提建議的人要充分研究建議的內容和表述方式，經過自己深思熟慮，懂得如何巧妙地提出建議。

要做一個善於提出各種建議的員工，是需要一定表達技巧的。這關係到你是否能得到提拔，是否會被委以重任，是否能最終取得一個更好的發展際遇。

因此，員工如果想讓自己的建議得到老闆的認可的話，就一定要注意說話的技巧，理解老闆這個居上位者的感受。注意不要傷害到他。

你一開始決定提建議時，就應做好縝密的抉擇。選擇最可能迎合老闆心意的建議，同時也要做好建議被駁回的承受準備，做好放棄的準備。

學會選擇，懂得放棄，不僅是一種工作能力靈活的體現，也是一種工作魄力的培養。

無論是生活還是工作中，我們常常會為兩個或若干個自己都想得到的東西難以取捨而頭疼，但你只能選擇一個，放棄一個，選擇是殘酷的，放棄是痛苦的，這就需要我們學會選擇，懂得放棄。

要想成為一名優秀的員工，不僅能將本職的事務性工作處理得井井有條，還要能應付其他突發事件，思考部門及公司的管理發展規劃等。有大量的事情不是在上班時間出現，也不是在上班時間可以解決的，這需要你根據公司的需要隨時為公司工作。

亞倫在《幸福論》中指出，無論什麼人，如果他刻意追求一定的目標，他就一定可以達到自己的目的。我們希望獲得的東西就像山一樣多，數不勝數，都在那裡靜靜等著我們，絕對不會逃走的。可是你必須學會攀登，學會去獲取。有時候你太苛求完美，希望把所有想得到的都拿到，弄個「大滿貫」，不去細分、選擇，不懂割捨、放棄，就不能專注地做一件事，到頭來一個也得不到。

第3節 適可而止莫貪圖

貪婪是一種頑疾，人們極易成為它的奴隸，變得越來越貪婪。人的慾念無止境，當得到不少時，仍指望得到更多。一個貪求厚利、永不知足的人，等於是在愚弄自己。貪婪是一切罪惡之源。貪婪能令人忘卻一切，甚至自己的人格。貪婪令人喪失理智，做出愚昧不堪的行為。

有一個小孩，大家都說他傻，因為如果有人同時給他5毛和1元的硬幣，他總是選擇5毛，而不要1元。有個人不相信，就拿出兩個硬幣，一個1元，一個5毛，叫那個小孩任選其中一個，結果那個小孩真的挑了5毛的硬幣。那個人覺得非常奇怪，便問那個孩子：「難道你不會分辨硬幣的幣值嗎？」孩子小聲說：「如果我選擇了1元，下次你就不會跟我玩這種遊戲了！」這就是那個小孩的聰明之處。

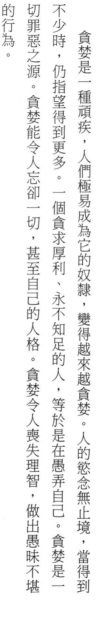

的確，如果他選擇了1元，就沒有人願意繼續跟他玩下去了，而他得到的，也只有1元！但他拿5毛錢，把自己裝成傻子，於是傻子當得越久，他就拿得越多，最終他得到的，將是1元的若干倍！因此，在現實生活中，我們不妨向那「傻小孩」看齊——不要1元，而取5毛錢！

而更多的人在社會上，卻常有一種不拿白不拿，不吃白不吃的貪婪！殊不知你的貪不僅損害了他人的利益，還會使他人對你的貪反感。或許他人可以容忍你的行為，不在乎你的貪，但如果你懂得適可而止，他會對你有更好的印象與評價，因此願意延續和你的關係。可嘆的是，現代社會充斥著下列現象：人際關係一次用完，做生意一次賺足！以為自己這樣做是聰明，殊不知這都是在斷自己的路！我不希望你有這種聰明，而希望你能一直擁有那個小孩一樣的「傻」，因為這會讓你得到更多回報。10個5毛錢多，還是一個1塊錢多？你自己算算吧！慾望的永不滿足，不停地誘惑著人們追求物慾的最高享受，然而過度地追逐利益往往會使人迷失生活的方向，因此，凡事適可而止，才能把握好自己的人生方向。

幾個人在岸邊垂釣，旁邊幾名遊客在欣賞海景。只見一名垂釣者竿子一揚，釣上了一條大魚，足有一尺多長，落在岸上後，仍騰跳不止。可是釣者卻用腳踩著大魚，解下魚嘴內的釣鉤，順手將魚丟進海裡。圍觀的人發出一片驚呼，這麼大的魚還不能令他滿意，可見垂釣者雄心之大。就在眾人屏息以待之際，釣者魚竿又是一揚，這次釣上的還是一條一尺長的魚，釣者仍是不看一眼，順手扔進海裡。第三次，釣者的釣竿再次揚起，只見釣線末端鉤著一條不過幾寸長的小魚。眾人以為這條魚也肯定會被放回，不料釣者卻將魚解下，小心地放回自己的魚簍中。眾人百思不得其解，就問釣者為何捨大而取小。釣者回答說：「哦，因為我家裡最大的盤子只不過有一尺長，太大的魚釣回去，盤子也裝不下。」

在經濟發達的今天，像釣魚者這樣捨大取小的人是越來越少，反而是捨小取大的人越來越多。

法國人從莫斯科撤走後，一位農夫和一位商人在街上尋找財物。他們發現了一大堆未被燒焦的羊毛，兩個人就各分了一半捆在自己的背上。歸途中，他們又發現了一些布匹，農夫將身上沉重的羊毛扔掉，選些自己扛得動的較好的布匹；貪婪的商人將農夫所丟下的羊毛和剩餘的布匹統統撿起來，重負讓他氣喘吁吁、行動緩慢。走了不遠，他們又發現了一些銀質的餐具，農夫將布匹扔掉，撿了些較好的銀器背上，商人卻因沉重的羊毛和布匹壓得他無法彎腰而作罷。突降大雨，飢寒交迫的商人身上的羊毛和布匹被雨水淋濕了，他踉蹌著摔倒在泥濘當中；而農夫卻一身輕鬆地回家了。他變賣了銀餐具，生活富足起來。

大千世界，萬種誘惑，如果什麼都想要，會累死你，該放就放，你會輕鬆快樂一生。貪婪的人往往很容易被事物的表面現象迷惑，甚至難以自拔，事過境遷，後悔晚矣！

一次，一個獵人捕獲了一隻能說70種語言的鳥。「放了我，」這隻鳥說，「我將給你三條忠告。」

「先告訴我，」獵人回答道，「我發誓我會放了你。」

「第一條忠告是，」鳥說道，「做事後不要懊悔。第二條忠告是：如果有人告訴你一件事，你自己認為是不可能的就別相信。第三條忠告是：當你爬不上去時，別費力去爬。」

然後鳥對獵人說：「該放我走了吧！」獵人依言將鳥放了。

這隻鳥飛起後停在一棵大樹上，又向獵人大聲喊道：「你真愚蠢。你放了我，但你並不知道在我的嘴中有一顆價值連城的大珍珠。正是這顆珍珠使我這樣聰明。」

這個獵人很想再捕獲這隻放飛的鳥。他跑到樹面前並開始爬樹。但是當他爬到 半的時候，他掉了下來並摔斷了雙腿。

鳥嘲笑他並向他喊道：「笨蛋！我剛才告訴你的忠告你全忘記了。我告訴你一旦做了一件事情就別後悔，而你卻後悔放了我。我告訴你如果有人對你講你認為是不可能的事，就別相信，而你卻相信像我這樣一隻小鳥的嘴中會有一顆很大的珍珠。我告訴你如果你爬不上去，就別強迫自己去爬，而你卻追趕我並試圖爬上這棵大樹，結果掉下去摔斷了雙腿。這個箴言說的就是你：「對聰明人來說，一次教訓比蠢人受一百次鞭撻還深刻。」」說完，鳥飛走了。

人因貪婪常常會犯傻，什麼蠢事也做得出來。所以任何時候要有自己的主見和辨別是非的能力，不要被假象所迷惑。

俗話說，貪心圖發財，短命多禍災。心地善良、胸襟開闊等良好的品行，才是健康長壽之本。貪圖小便宜，終究是要吃大虧的。因此，我們真正應當採取的態度是：遠離貪婪，適可而止，知足者常樂。

第4節 學會承受壓力

奇蹟多是在厄運中出現的。許多事在順利的情況下做不成，而在受挫折後，在承受悲痛的「浸染」後，卻能做得更完美、更理想。壓力能使人產生奇異的力量。人們最出色的工作往往是在處於逆境的情況下完成的。思想上的壓力，甚至肉體上的痛苦都可能成為精神上的興奮劑。

壓力，為人創造了值得思考琢磨的機會，使人盡快成熟起來。木以繩直，金以淬剛。世上成大事的人無不是經過艱苦磨練的。艱難的環境通常是會使人沉沒下去的，但是在試圖成大事的人眼裡，困難終會被克服，這就是所謂「艱難困苦，玉成於琢」，即經過艱辛的雕琢，玉可成器。

壓力，能使成大事者在思想感情上受到多方衝擊，從中感悟人生的真諦，自覺把握人生的方向。人要有所為就要有所不為。該做的一定要做好，不該做的堅絕不做。人要有所得，就要有所失。該失去的東西就要毫不吝嗇，甚至忍痛割愛。得到並不一定就值得慶幸，失去也不完全是件壞事。能否從容對待、恰當地處理這些問題，就看你的成事之道了。相反，人若是太幸運了，缺乏壓力，就會沉於懶惰，而不知挑戰人生的意義和快樂。

對那些善於成事的大師而言，他們不懼怕壓力，因為壓力會降臨在每個人的頭上；相反，他們更喜歡壓力，在壓力中做大人生局面。

林肯在進入美國政壇之前，不過是小鎮上一個微不足道的律師。在他最初爭取國會議員候選人提名時，他的政敵因他不屬於任何教會而指責他為異教徒，又因為他與高傲的陶德和愛德華家庭聯姻而罵他是財閥和貴族的工具。這些罪名儘管可笑，卻足以給林肯的前途帶來傷害。結果，林肯落選了，這是他政治生涯中所遭遇的第一次逆流。

兩年後，林肯和許多自由黨人一起，在國會中大膽發言，譴責總統發動一起「掠奪和謀殺的戰爭，搶劫和不光榮的戰爭」，宣佈上帝已「忘了照顧無辜的弱者，容許兇手、強盜和來自地獄的惡魔肆意屠殺男人、女人和小孩，使這塊正義之土飽受摧殘」。

林肯是個默默無聞的議員，政府對這篇演說置之不理，可是它在春田鎮卻掀起了一陣颶風。伊利諾州有6,000人從軍，他們相信自己是為神聖的自由而戰。如今，他們選出的代表竟在國會中說這些軍

人是地獄來的惡魔，是兇手。激憤的軍人公開集會，指責林肯卑賤、怯懦、不顧廉恥。聚會時，大家一致決議，宣稱他們從未見過「林肯所做的這些丟臉的事」，「對勇敢的生還者和光榮的殉國者濫施惡名，只會激起每一位正直的伊利諾州人的憤慨。」

這股恨意鬱積了十幾年，直到13年後，林肯當選總統時，還有人使用這些話來攻擊他。

林肯對合夥的律師說：「我等於是政治自殺。」此刻，他怕返鄉面對選民。他想謀求「土地局委員」之職，以便留在華盛頓，卻未能成功；他想叫人提名他為「俄勒岡州州長」，指望在該州加入聯邦時可以成為首任參議員，不過這件事也失敗了。

於是他又回到了春田鎮那間髒兮兮的律師事務所，再度將愛駒「老公鹿」套在搖搖欲墜的小車前頭，駕車巡迴第八司法區。

荷恩敦在《林肯傳》中說：

「我們住鄉下小客棧時，通常都共睡一張床。床鋪總是短得不適合林肯的身長，因此他的腳就懸在床尾板外頭，露出了一小截脛骨。即使如此，他仍然把蠟燭放在床頭的一張椅子上，連續看好幾個鐘頭書。我和同室的另外幾個人早就睡熟了，他還以這種姿勢苦讀到凌晨2點鐘。每次出巡，他都這樣手不釋卷地研究。後來，6冊歐氏幾何學中的所有定理他都能輕輕鬆鬆地加以證明。」

「幾何學讀通之後，他研究代數，接著又讀天文學，後來甚至寫了一篇談語言發展的演講稿。不過，他最感興趣的仍是莎翁名作。他養成的文學嗜好依然存在。」

度過辛酸的6年之後，突然發生了一件事，改變了林肯一生的方向，也使他開始往「白宮」出發。

的確，假如林肯面對暫時的挫折、失敗就不再前行，不再奮鬥，那麼他只能是一個微不足道的小律師，而不可能成為美國歷史上偉大的總統。

一個人要想做成自己的事，必須面臨競爭壓力的考驗，因為這是一個競爭的社會，無論在競爭中獲得成功還是遭受失敗，人人都要承受壓力。現實生活之中，誰也逃脫不了這種壓力。

欲成大事者，因目標高遠，壓力可能會更大。但若欲成大事，就必須能承受這種壓力，把壓力當成推進人生的動力。這就是說，壓力最能反映你做事能力的強弱。

第5節 別給自己找任何藉口

人都是有懶散習性的，很多時候我們會發現，大多數人總是會為自己找各式各樣的藉口，不能做，做不好，不想做。實際上這種藉口無非就是想讓自己的內心好受些罷了，是給自己無能的自我解釋。這使得很多人喪失了鬥志，意志消沉，對未來也不抱希望。

立新和阿鵬是少年時代的同鄉，不久前的一天兩人在街上偶遇，十幾年未見面，大家都頗為感慨，於是親切地聊起來。然而，在談到未來打算時，阿鵬竟說自己已經「老」了，「現在只是為了孩子賺錢，還有十幾年就要退休養老了，沒有其他想法了」。立新卻興奮地講敘了一大串的計畫設想。

阿鵬在少年時代是一個中等偏上智力水準的人，家境也不錯，父親是國家幹部，母親也有工作，在當年可是一個讓人羨慕的家庭。他現在在某國營公司當職員，當過兵，老婆在機關工作，他們有一個男孩在讀小學。在當今中國，他是一個擁有三口之家的典型男子。照說他現在最具有條件去設立某個目標，努力攀登。遺憾的是，他竟然放棄了一切追求。年齡的藉口顯露了他消極失敗的心態。

阿鵬他才三十五、六歲，怎麼就等待退休養老呢？怪不得我們這個社會有那麼多失敗者，他們不努力去追求成功，卻隨意找藉口，迎接和等待人生的失敗。

年齡，絕不能成為不成功的藉口。下面我們來看一下成功的範例吧！

三十五、六歲是最有作為、精力最旺盛的時候，因為這個時候，人們因吸收廣泛的生活經驗而比較成熟，比較容易認識和把握自己。許多大成功者，大都是在30～60歲的年齡階段完成的。北京天安製藥集團總裁克鍵，49歲才開始辭職創業；山東乳山百萬富翁、養蚶專家辛啟泰，50歲才從海邊灘塗上尋找成功之路；四川「蚊帳大王」楊百萬，66歲才從擺小攤開始做生意；美國前總統雷根73歲還參加競選。

據拿破崙對2,500人進行分析，反映出很少有人在40歲以前取得事業上的成功。美國著名的汽車大王福特，40歲還沒有邁出成功的重要步伐。美國鋼鐵大王安德魯・卡內基在取得巨大成就之時，已過40歲。拿破崙本人出版第一本成功學著作時已是45歲，之後他為成功事業還工作奮鬥了42年，當他80歲的時候還在出書。

很多人會這樣對自己說：「我沒有大學文憑」、「我不是碩士」、「我沒有工作經驗」、「我長相平平」……這些似乎都成了大家找不到工作的藉口。其實工作機會多種多樣，工作內容也各不相同，我們欠缺的，那麼我們不去做，去做一些我們有優勢的工作就好了，只不過人們懶散了，不想走上一條正確的道路，剩下的只有埋怨和嘆息。

綜觀整個世界的成功人士，我們會發現，很多我們認為是自己致命的弱點，因為這個自己永遠也無法成功的東西，往往在那些著名的成功人士身上也存在著。

沒有學歷和文憑，就找不到工作？億萬富翁趙章光，高中文憑；美國鋼鐵大王安德魯·卡內基，幾乎沒接受什麼正規教育；美國石油大王洛克菲勒，高中輟學；日本「經營之神」松下幸之助，小學四年級的學歷；香港富商李嘉誠，國中二年級的學歷。由此可見學歷和文憑並不能影響一個人一生的成敗。

沒有資金，就不能成功？國內外的百萬富翁、億萬富翁，白手起家的隨處可見。而且只要你充分運用自己的智慧，啟動資金的來源有很多：向親朋好友借錢集資；抓住機會找銀行貸款；找有錢單位和個人合夥；集資入股；還有就是靠自己的努力存一些錢，使資金像滾雪球一樣越滾越大，越來越多。

還有些人認為自己不能成功是因為「運氣」、「健康」、「出身」、「人際關係」等等。拿破崙說過：「找藉口解釋失敗全是人類的習慣。這個習慣和人類歷史一樣源遠流長，但對成功卻是致命的傷害。」

其實，面對不停找藉口的自己，我們能做的也有很多，那就是相信自己，不會被任何外在因素所打敗，心之所向，必勝。一個人要成就事業，必須毫不留情，不找任何藉口，而要像獵豹一樣盯住獵物——唯一的目的就是擒住牠。

第6節 勤奮是最好的人格資產

一點點進步都是得之不易的，任何偉大的成功都不可能唾手可得。許多著名的科學家和發明家，所擁有的都是勤奮刻苦的人生。一位偉大的哲學家克普勒也這樣說過：「正如古人所言：『學而不思則罔』，對此我深有同感。只有善於思考所學的東西才能逐步深入。對於我所研究的課題，我總是追根究底，想理出個頭緒來。」

英國物理學家及化學家道爾頓（John Dalton）從不承認自己是什麼天才，他認為他所取得的一切成就，都是靠勤奮點滴累積而來的。

有些人總是責怪命運的盲目性，其實命運本身並沒有那麼盲目。命運掌握在每個人的手中，尤其是那些勤勞工作的人，只有付出，才會有回報。正如只有優秀的航海家才能駕馭大風大浪一樣，不識水性的人又怎麼會有這項才能呢？由人類歷史上的那些成功人物身上即可窺知一二，在他們成就一番偉業的過程中，一些性格上的小優點，如專注力、持之以恆等等，往往在他們的事業上發揮很大的影響力。即使是天才也不能小看這些性格優勢所產生的巨大作用，一般人就更不用說了。

有人認為天才不過是教育界的無謂炒作。一位大學校長認為天才就是不斷努力的能力。

約翰．福斯特認為「天才就是點燃自己的智慧之火」，波思則認為「天才就是耐心」。

正如其他有成就的人一樣，牛頓也是靠勤奮、專心致志和持之以恆才取得成功的。放下手頭的這一課題而從事另一課題的研究，這就是他全部的娛樂和休息。牛頓曾說過：「如果說我對社會民眾有什麼貢獻的話，完全只因勤奮和喜愛思考。」

英國作家狄斯雷利認為，要成就大事必須精通所學科目，但要精通學科，只有透過長時間連續不斷地苦心鑽研，別無其他辦法。因此，某種程度上來說，推動世界前進的人並不是那些天才人物，而是那些智力平庸卻非常勤奮努力的人；不是那些智力卓越、才華洋溢的人，而是那些不論在哪個行業都認真堅持、不畏困難的人。

有一位事業有成的女性，在談及她那才華出眾而又粗枝大葉的兒子時，曾慨嘆：「唉！他缺少堅持到底的毅力，這怎能成大器呢？」天賦過人的人如果沒有毅力和恆心做後盾，只能綻放轉瞬即逝的火花。許多意志堅強、持之以恆，但智力平庸甚至稍顯遲鈍的人，最後都會超越那些只有天賦而沒有毅力的人。

正如義大利的一句俗語所說：「走得慢但堅持到底的人才是真正走得快的人。」一旦我們養成了不畏勞苦、鍥而不捨、堅持到底的工作精神，則無論我們從事什麼職業，都能在競爭中立於不敗之地。古人所說的「勤能補拙」講的也就是這個道理。

羅伯特．皮爾正是由於養成了勤奮的工作態度，才成了英國參議院中的傑出人物。當他年紀很小的時候，他父親就讓他站在桌子邊練習即席背誦、即席作詩。首先，他父親讓他盡可能地背誦些格言警句。當然，剛開始並沒有多大的進展，但日子久了，他也能逐字逐句地背誦出那些格言的全部內容。這一訓練似乎可說是為他日後在議會中以無與倫比的演講藝術駁倒論敵所立下根基，實在令人佩服。但幾乎沒有人知道，他在論辯中表現出來的驚人記憶力，正是他父親早年對他嚴格訓練的成果。

在一些最簡單的事情上，反覆的磨練確實會產生驚人的效果。拉小提琴看起來十分簡單，但要達到爐火純青的地步，絕對需要多次辛苦的練習。有一名年輕人曾問小提琴大師卡笛尼學拉小提琴要多久時間。卡笛尼回答道：「每天12個小時，連續堅持12年。」

一名芭蕾舞演員要練就一身絕技，不知道要流下多少汗水、飽嚐多少苦頭，一招一式都得花上令人難以想像的時間練習，甚至令身體傷痕累累。當秦曼在為她的夜晚演出做熱身時，往往還得接受她父親另外兩個小時的訓練。等兩個小時過後，她已經筋疲力盡了，想躺下，卻連脫衣服的力氣都沒有，只能用海綿擦洗一下身體，藉以恢復體力。有時，人竟然累得完全失去了知覺。可是等她一上臺演出，舞臺上那靈巧如燕的舞步，往往令人讚嘆不已，但誰能知道這是個何其痛苦的歷程呢？臺上一分鐘，臺下十年功，這十年的酸、甜、苦、辣，秦曼做為一名芭蕾舞者，似乎有更深刻的體會。

以上種種，足以讓我們看到，成功者都是勤奮者，他們深刻的理解「勤能補拙」的真正意義。而那些懶惰者，既缺乏吃苦耐勞的精神，又少了承擔風險的勇氣，所以不會成功。

就像約翰・亨特曾自我評論的那樣——我的心靈就像一個蜂巢一樣，看來是一片混亂，雜亂無章到處充滿嗡嗡之聲，實際上一切都整齊有序。這些食物都是透過勞動在大自然中精心選擇的。

你可以理解這段話嗎？這裡的勞動指的就是他所具備的人格優勢，並非才智過人，他只是比一般人更勤勞罷了。只要翻一翻那些大人物的傳記，我們就知道大部分傑出的發明家、藝術家、思想家和著名的工匠，他們的成功都得歸功於勤奮和持之以恆的毅力。

第7節 做在前面，笑對挑戰

當今社會是一個充滿競爭的社會，只有贏得競爭才能更好地生存和發展。我們從出生起就在競爭中，先是從億萬個精子裡面脫穎而出，成功的與卵子結合；然後又在上學期間與同班甚至同級的孩子競爭第一名，緊接著與眾多求職者競爭工作職位；還有與同事競爭晉升的機會……

有什麼方法使我們可以面對競爭，笑傲挑戰呢？那就是把事情做在前面，讓競爭對手望塵莫及！

幾年前，紐約一家廣告公司的職員莫里森在一家醫院裡治病，他躺在病床上構思了一個廣告創意，即利用洗衣時墊在襯衫領子下面用於固定形狀的黑色紙板做成廣告欄出售。他一出院就馬上採取行動，結果不僅降低了洗衣業厚紙板的價格，而且還提供了一種新的廣告媒體，結果非常不錯。其實這個創意也許任何人都可以想到，如果他願意去想的話；其實這個主意任何人都可能做到，如果他願意去做的話，但是事實是唯有莫里森走在了前面。

在工作之外，你和你的同事可能是最好的朋友，也可能是沒有一點聯絡的陌生人，但是在工作當中，同事就是競爭的對手，你們有意無意間都在進行著競爭。沒有人不想在這場競爭中取得勝利，勝利靠什麼呢？惡言相向嗎？流言蜚語嗎？這些都無濟於事，公司看中的只是業績，一切用業績說話。你比同事優秀，要嘛是因為你創造了比同事更多的業績，要嘛是你在同事創造相同業績之前創造了業績，而無論哪一種，你自己的努力都得在前面。把事情做在前面是贏得與同事競爭的唯一祕訣。

一個搶先為老闆解決問題的人，當然能得到偏愛。首先，他讓老闆非常省心省力，可以把精力集中到更重大的問題上；其次，他沒有讓問題延誤，釀成大患。有了這樣的員工，老闆就少了很多後顧之憂，這對於公司的發展極為關鍵。老闆很容易在這種積極主動的員工那裡獲得默契感，而對於有默契感的員工，老闆總是樂於任用。

一個能夠經常把事情做在前面的人，一定是時時把工作和公司事務放在心上的人，是一個知道自己方向的人，是一個胸有成竹的人，這樣的人在任何環境下都會脫穎而出，他們前途遠大。所以那些總能搶先把事情做完的員工，往往能得到老闆的賞識。

那些不能把事情做在前面的員工，工作中就缺少亮點。沒有把事情做在前面的意識，面對問題就會手足無措，工作做得不如人意。面對同事，讓人挑剔或者落在後面都是很委屈、難受的。

寶僑公司（P&G）在內部管理中就非常推崇競爭，每個部門經理、主管的職位總是屬於那些在相同的職位上能夠把事情做在前面的人。誰先為公司提出了一個新的廣告創意、誰先為公司開闢了一塊新的市場，誰就可能獲得這個機會。其前總裁曾說：「在寶僑，機會屬於那些先起跑和跑得快的人。」這句話可謂一語中的。只有當你的同事還在睡覺或者打盹的時候，你已經開始起跑了，這樣你才能提前到達終點。

曾經有一個寶僑的推銷員，透過市場調查發現廣州市的洗髮乳有1/4是在髮廊裡用掉的，如果能把這個市場搶過來，意義就非常重大。於是他便和市區裡比較大的髮廊老闆商談。他先聘請了一批氣質比較好的女孩進行有關洗髮乳和護膚知識的培訓，然後讓她們帶著公司的產品去髮廊裡面指導洗頭並積極向裡面的每位顧客宣傳寶僑的產品，而且每位顧客還可以得到一份免費的寶僑產品。一年下來，寶僑的產品不僅成為廣州髮廊裡面的主打產品，而且那些在髮廊裡面洗過頭的顧客大部分也用上了寶僑的產品，那一年寶僑公司在廣州地區的銷售量整整提高了一倍，那位推銷員也因此坐上了寶僑某品牌部經理的位置！

知道了嗎？與同事競爭靠什麼？

你比同事優秀，要嘛是因為你創造了比同事更多的業績，要嘛是你在同事創造相同業績之前創造了業績，而無論哪一種，你自己的努力都得在前面。把事情做在前面是贏得與同事競爭的唯一祕訣。

第8節 不能私心過重

我們存在於這個世界，就是獨一無二的，因此我們完全有權利關心自己，實現自我追求，這是正常的法則。

三毛說得對：「在我的生活裡，我就是主角。」

如果是神經正常的人，沒有人不關心自己，不希望發展自己，實現自己的理想。這一切可謂人之私慾使然。沒有私慾是不正常的，有私慾而無度則更是不正常的，不損人利己，不損公肥私，這是最基本最道德的私慾標準。

有私慾是正常的，但是「自私」就不好了。我們都知道自私是一個貶義詞，意指那些只考慮自己的利益，毫不顧忌他人的人，這種人往往私心過重。一個自私的人往往不被大家所喜愛，而且經常交不到真正的朋友。

面對自私的人，我們有時可能會與其合作，可能也會有求於對方，這種時候我們該怎麼辦呢？

其實很簡單，滿足對方的自私就是了。

我所說的「滿足」並不是任其予取予求，無限制地滿足他，你如果這麼做，反而會害了自己，因為人的慾望是無止境的。那麼該如何去做呢？

消極的不去剝奪對方的利益，不管他是不是真的需要這些利益；你剝奪了，他是會跟你拼命的。

積極的給予對方利益，只要他肯接納，那麼他絕對會聽你的。有很多皇帝要用重金籠絡臣下；大老闆要發獎金給部屬；而力能扛鼎的勇士，為了錢甘願為手無縛雞之力的主子賣命。除了金錢之外，職位也是一種利益，所以「升官」也可以收買人心，因為你滿足了他的自私！

不過，你也要注意兩件事：

不能一次就給對方充分的滿足，可以由少而多，逐漸增加，不可由多而少，否則對方不但不感激你反而會怨恨你。

要不時豐富你的資源，讓對方認為你還有很多「好處」，他們才會為了那些「好處」和你維持良好的關係，一旦「好處」沒了，他們大概也就離你而去了。如果真的碰到這種情形，你也不必慨嘆，因為這是人性的必然；看看，沒落的貴族、失勢的政客、潦倒的商人，有誰會理呢？

此外，你也不能忽視人們在精神、心理層面的「自私」，也就是說，人都喜歡被尊重，你尊重他，那麼一切都好說！

但如果你私心過重，人們見了你就如同遇到瘟疫一般，惟恐避之不及；怕的人多了，也就如過街老鼠一樣，人人見之喊打。這樣的人即便是比別人多撈取了一些利益，也不會從社會的意義上獲得真正的幸福，如果說，他們也奢談什麼成功，充其量不過是雞鳴狗盜的成功，沒有任何值得驕傲和自豪的。

「點燃別人的房子，煮熟自己的雞蛋。」英國的這句俗語，形象地揭示了那些妨害他人利益的自私行徑。

自私自利者不管是偷竊、貪污、索賄或挪用等手段，把公共或他人的財產變成自己的財產，還是以權勢撈取地位和榮譽，在別人看來，無疑都是不光彩的。儘管他們有時利用平時透過卑劣手段撈取的財、權來給某些人送人情，買人心，使這些人不得不感謝和感激他們，但更多的人卻是瞧不起他們的。儘管他們中還有些人用那些不義之財做本錢，開公司，做生意，掙了大錢，成就了事業，有的還笑瞇瞇地做一些慈善之舉，但他們仍然是不光彩的一族，別看法律未審判他們，但受害的廣大群眾卻在感情上給他們判了刑、定了罪。

你如果是這樣的一個人，你的心靈是不會安寧的，你所擁有的人生便是一個卑鄙的人生。

你在損公坑人的時候，只是在物質上、權勢上和聲譽上肥了自己，暫時得到了一點實惠，而你付出的卻是人格和靈魂的代價。由此你失去了純潔美好的心地，你從本來美好的人生境界跌到了一堆垃圾上，你將不時嗅到發自你靈魂深處的臭氣。這是你的根本性的損失，永遠無法挽回的損失。即使你以後覺悟到了而迷途知返，但那心靈上沾下的污點是永遠抹不去的，它將伴隨著你的終生，你終歸是得不償失的。

你無法否認，人之所以為人的根本性的存在並不是這團肉、這副軀體外殼的存在，而是人之為人的精神、德行、人格的存在。抽去了後者，人與動物也就沒有多大區分了。

所以，自私者的算計和耍弄小聰明到頭來仍是卑鄙和愚昧的。

自私者損人肥己式的小聰明，是一種卑鄙的聰明。是那種打洞鑽空了房屋，而在房屋倒塌前迅速遷居的「老鼠式的聰明」；是那種欺騙熊為牠挖洞，洞一挖成便把熊趕走的「狐狸式的聰明」；是那種在即將吞噬獵物時，卻假裝慈悲流淚的「鱷魚式的聰明」。

自私並不可怕，可怕的是私慾太盛，利令智昏。有些人自以為聰明，其實損人利己式的聰明實在是一種卑鄙的聰明。

禁止自私是一種無法做到的理想：我們總是在做自己內心想做的事情，從這個角度而言，每個人都是自私的。自私是人類謀求生存的一種本能。自私並不可怕，可怕的是私慾太盛，利令智昏，時時刻刻以自我為中心，以損公肥私和損人利己為樂事，一切圍著自己想問題，一切圍著自己辦事情，在滿足其一己之私的過程中，不惜損害公益事業，不惜妨害他人利益。

Chapter 9

知識就是力量

——先裝備好自己的學識

第1節 學無止境

學，可以立志；學，可以成材；學，永遠不能停止。對我們有價值的，並不是在學校念過書的事實，而是求學的態度。

美國一所大學期終考試的最後一天，在教學樓的臺階上，一群工程學系四年級的學生擠在一團，正在討論幾分鐘後就要開始的考試，他們的臉上充滿了自信。這是他們參加畢業典禮和工作之前的最後一次測驗了。一些人在談論他們現在已經找到的工作；另一些人則談論他們將會得到的工作。帶著經過4年的大學學習所獲得的自信，他們感覺自己已經準備好了，並且能夠征服整個世界。

他們知道，這場即將到來的測驗將會很快結束，因為教授說過，他們可以帶他們想帶的任何書或筆記。要求只有一個，就是他們不能在測驗的時候交頭接耳。他們興高采烈地衝進教室。教授把試卷分發下去。當學生們注意到只有5道評論類型的問題時，臉上的笑容更加生動了。3個小時過去了，教授開始收試卷。學生們看起來不再自信了，他們的臉上是一種恐懼的表情。沒有一個人說話。教授手裡拿著試卷，面對著整個班級。他俯視著眼前那一張張焦急的面孔，然後問道：「完成5道題目的有多少人？」沒有一隻手舉起來。

「完成4道題的有多少？」仍然沒有人舉手。「3道題？」學生們開始有些不安，在座位上扭來扭去。「那一道題呢？」但是整個教室仍然很沉默。

「這正是我期望得到的結果。」教授說，「我只想給你們留下一個深刻的印象，即使你們已經完成了4年的工程學習，關於這項科目仍然有很多的東西你們還不知道。這些你們不能回答的問題是與每天的日常生活實踐相關聯的。」然後他微笑著補充道：「你們都會透過這個課程，但是記住——即使你們現在已是大學畢業生了，你們的學習仍然還只是剛剛開始。」隨著時間的流逝，教授的名字已經被遺忘了，但是他教的這堂課卻沒有被遺忘。

因為，他用最深刻的方法教會了我學無止境的真正含意。是的，學習是伴隨著我們一生的東西，常聽人說活到老學到老，這也就從另一個角度闡釋了學習的延續性。我們每天都會接觸新事物，觸及到新領域，這就要求我

們要學習新知識，讓我們的人生變得豐富多彩。

汽車大王福特年少時，曾在一家機械商店當店員，週薪只有2.05美元，但他卻每週都要花2.03美元來買機械方面的書。當他結婚時，除了一大堆五花八門的機械雜誌和書籍，其他值錢的東西一無所有。就是這些書籍，使福特朝他嚮往已久的機械世界邁進，開創出一番大事業。功成名就之後，福特曾說道：「對年輕人而言，學得將來賺錢所必須的知識與技能，遠比蓄財來得重要。」

事實已經證明，受過最成功教育的人，往往是自學成功者或自我教育的人。而自我教育不足，對個人的成長是不利的。發表過《進化論》的達爾文就說過：「我的學問最有價值的全是自己苦讀學來的。」

對學習不感興趣，或是「忙得沒時間看書」的人，終會被時代的激流所淘汰。也就是學如逆水行舟，不進則退。

第2節 堅持學習，不斷提升自己

透過上節的講述，大家應該也都認同了學習是一輩子的事情，是不應終止的。我們在學校裡可以學到很多理論知識，到了工作崗位，又可以學到很多實踐知識。學習可以擴展我們的視野，讓我們把工作做到更好，取得更大的成功。

美國的著名學府哈佛大學一直享譽世界，在對學校的學生進行教育的時候，我們會發現，他們要求自己的學生要在不斷的學習中提升自己。哈佛大學的教育之所以成功，不能說與這一點毫無關係。

美國國家研究委員會曾經做過一項調查，調查結果顯示：半數的勞工技能在1～5年內就會變得一無所用，而以前這段技能的淘汰期是7～14年。特別是在工程界，畢業10年後所學還能派上用場的僅僅只有四分之一。另外還有研究報告指出，現代知識的數量在15年當中就會更新一次，因此我們必須時常在我們的腦袋裡刷新原有的知識。如果抱著舊知識不再學習，便有被時代拋棄的危險。

所以如果我們不繼續學習，我們就無法取得生活和工作需要的知識，無法使自己適應急劇變化的21世紀，我們不僅不能做好本職工作，反而有被時代淘汰的危險。特別是在科學技術飛速發展的今日，我們只有以更充沛的熱情，飢渴般地學習、學習、再學習，使自己具有更完備的專業能力，才能不斷地提高自己的競爭力，以便能在工作和事業中發揮所長，不至於有「書到用時方恨少」的感慨。

因此，學習已變成通往成功的必要途徑。

凡是國民素質很高的國家，或者是經濟成長穩定和科技發達的國家，國民都普遍重視學習。在美國社會中，許多人幾乎一輩子都在學習，一生往往是出出入入校門幾十年。一位老祖母在她六十多歲時，再次回到高中拿畢業文憑的例子，在美國比比皆是。

美國的學校實行學分制。按照學校的規定，修完必須的學分，就可以拿到畢業文憑、專業證書及學位。每個學生可以根據自己的實際情況來安排時間、選擇學校、選擇科系和課程，這個學習的過程可能是一、兩年，也可能是四、五年，甚至是幾十年。

所以，在美國的大學裡，同學之間年齡差距很大，是不足為奇的。在同一個班有剛剛高中畢業考進來的少男少女，也有為人父母、為人祖父母者。

絕大多數18歲以上的美國人，都是靠自己賺錢繳學費的。有的人是賺夠了錢，才進學校一口氣讀四、五年，也有的人是一邊打工一邊讀書，或讀讀停停，用幾十年的時間來取得博士學位。在美國沒有人會輕視別人，一個清潔工人或者一個服務生，也可能是一個正在攻讀博士學位的人。

美國人認為——年輕時，究竟懂得多少並不重要，只要懂得學習，就會獲得足夠的知識。

所以，企業與公司裡的上班族可以說是學習市場上成長最快的一群人。去年，全美企業員工中僅接受企業正式撥款學習的人數就增加了500萬名，平均每人每年可以享有35.5小時學習課程，因此全美企業員工的總學習時間增加了1.36億小時，相當於30萬名日間部大學生的總學習時間。換句話說，大約要建好幾十所和哈佛大學規模相當的新大學，才能滿足企業員工的學習需求。

目前，美國已有26家知名企業成立了自己的大學，學習帶來的效益也日趨明顯。摩托羅拉公司（Motorola）甚至還估計出每花一美元投資在學習上，就可以連續三年提高30美元的生產力。

「用學習創造利潤」，已被管理學界和企業界公認為當今和未來奠定贏局的商業經營策略。

學習不光是學生的任務。無論年紀大小，或從事哪一種事業，都需要不斷地學習。只有學習才能擴大視野，獲取知識，把工作做得更好。

凡是歷史上的傑出人物，都是終生孜孜不倦追求知識的人。在漫長的人生經歷中，即使再忙、再累、再苦，他們都無法忽視對知識的渴求，學習既是他們獲取知識的途徑，也是他們在逆境中的精神寄託。在他們看來，知識是無止境的，學習也應該是不能停止的，學習使他們的思想、心理和精神永遠年輕，也使他們的事業蒸蒸日上。

學無止境。凡是真正熱愛學習，從學習中品嚐到甜美滋味的人，都永遠不會滿足，正如哲學先知蘇格拉底所說的那樣：「越是學習，越是發現自己的無知。」

第3節 從失敗中學習

「失敗為成功之母」，當然前提是你可以從失敗中總結教訓，學到新的東西，領悟自己失敗的原因，發現自己的不足。而不是在失敗之後就一蹶不振，對所有的事情都喪失信心。

也因此，要想成為一個優秀的員工，經歷失敗似乎也成為了必不可少的一個環節，因為我們能夠從中累積經驗，磨練性格，激發潛能，使我們轉敗為勝。

尼奧現在是畢馬威公司美國加州分公司的「超級員工」之一。在他的職位上他創造了自己的工作輝煌成績：連續5年工作無絲毫誤差，獲得過超過500位客戶的極力稱讚，並在公司中獲得了同事與主管的一致認同。但是這一切不是憑空而來的，而是在經過了一系列的失敗後，自己不斷總結學習而最終成功的。

尼奧加入公司時，對公司的運作情況還不是很清楚。剛開始他想得很美好，認為不過就是算算帳而已，然而接下來的一系列失敗讓他瞭解到絕不是這麼簡單。在他開始上班的第一個月，他交給部門經理的一張報表就出現了一個相當大的失敗：原來在一項金融計算中，存在一個他沒有使用過的計算公式，錯用了這個計算公式讓他的結果出現了很大誤差。部門經理要他重新做這張報表。

尼奧對這第一張報表的失敗非常重視，他瞭解到自己的專業知識上還有很多的欠缺。於是他從這個計算公式入手，全面系統地重新學習了相關知識，並成為了這方面知識的專家。但是並不是說從這以後他就再沒有遇到過失敗，恰恰相反，他仍然遇到各式各樣的失敗。但是，他已經養成了從失敗中學習的習慣：與客戶面談失敗之後，他從中學習經驗和教訓，最後成為一個與客戶交流的高手；第一次開發新的客戶，對方並不接受，總結這樣的失敗教訓，他最後做到了一個人開發了分公司15％的客戶……這一切的成就都來自不斷地向失敗學習。

「失敗為成功之母」並不是一句空話。一個真正善於學習的人，不僅僅要學習正面的成功事例，還必須懂得從失敗中學習。如果能夠從失敗中汲取教訓，累積經驗，就能轉敗為勝，由失敗走向成功。

養成從失敗中學習的習慣，你的每一次失敗便可以說是下一次成功的開始。

我們應該怎樣做呢？

記住，堅持學習便是堅持向成功邁進！

不管多大年紀，都要好學、上進，要保持旺盛的求知慾。人生中學習沒有止境，沒有畢業。學業不是22歲完成的事，是活到老學到老的。你應該把學習定義為不斷獲得新的知識和技能，並不斷堅持。

值得注意的是，把學習理解為知識的儲存、累積並沒有錯，但單純的大腦「豐滿」對自己的人生、對社會起不了什麼作用。如果不能有益於社會、直接或間接地促進自己以及得力夥伴的成功，那麼，就只有學習的付出，得不到回報。

第4節 學習是邁向成功的通行證

要想成為21世紀高效能人才，就得做像聯想主席柳傳志所說的那樣，用學習來武裝自己的頭腦，充實自己的生活，做善於學習的人。

在網路資訊技術日益升溫的今天，你如果不每天學習，不充充電，那麼很快就會落伍。因此，無論在何時何地，每一個現代人都不要忘記給自己充電。只有那些隨時充實自己，為自己奠定雄厚基礎的人，才能在競爭激烈的環境中生存下去。

現代生活變化萬千，節奏加快，要求我們必須抱定這樣的信念：活到老學到老。你也應該記住：最難戰勝的勁敵，是那一步也不放鬆的人。

我們常會聽見「那個人是屬於大器晚成型的」之類的話，意思是說，他現在雖然並不怎麼樣，但日後總會成功的。

所謂「大器晚成」的人必是那種保持自覺學習態度的人。他們勤奮地學習，踏實地工作，自身實力與日俱增，工作中的每天都有新情況、新挑戰，你每天都要面對新事物。學習與生活同在，生活就是學習。

一份工作，許多人做一段時間就覺得沒意思了，想換一份，而換工作是有條件的，有實力才能換份工作，而實力來自你自己。現代社會的機會很多，你只要天天學習，就會天天有進步，才會天天有機會，你的生活也就會富有生機。

那麼你應該用何種態度來應對你打算做一生的工作呢？如果因為目前的工作進行得很順利就感到很放心，每天悠哉悠哉的過安穩日子，那麼目前的情形就不一定能維持很久了。而且，你也許離失敗也就不遠了。「學習如逆水行舟，不進則退」就是這個道理。

一個頗有魄力的老闆在公司的經理會上說了這樣一段話：

「美國的大公司，在開辦新的分公司或增設分廠時，50年代出生的人，往往就任主管職位，如果現在公司命令你擔任技術部長、廠長或分公司的經理的話，你們會怎樣回答？你會以『盡力回報公司對我的重用。做為一個廠長，我會生產優良產品，並好好訓練員工』回答我，還是以『我能勝任廠長的職務，請放心的指派我吧！』來馬上回答呢？」

「一直在公司工作，任職10年以上，有了10年以上的工作經驗的你們，平時不斷地鍛鍊自己，不斷地進修了嗎？一旦被派往主管職位的時候，有跟外國任何公司一較高下，把工作做好的膽量嗎？如果誰有把握那麼請舉手。」

發現沒有人舉手後，他繼續說：

「各位可能是由於謙虛，所以沒有舉手。到目前，很多深受公司、同行和社會稱讚的前輩，都是因為在委以重任時，表現優異。正是由於他們的領導，公司才有現在的發展，他們都是從年輕的時候起，就在自己的工作職位上不斷進修，不斷磨練自己，認真掌握工作要領。當他們被委以重任時，能夠充分發揮自己的才智，取得很好的成績。」

的確，這一點無論何時何地都不會改變。只有不斷地為自己「充電」，這種生命力才會更加強大，你的「能量」才會不斷得到補充，才能讓生命更有意義，讓生活更加美好。只有不斷進修，才會更上一層樓。只有不放鬆自己，不斷進取的人，才有資格與人一較高下。

同樣從新的起點開始工作，有人能立刻得到要領而靈活地掌握。但這種人如果放棄了充實自己的機會，就會退步。

與此相反，起先摸不清情況而不順暢的人，如果多方請教，同時自己也認真用功並繼續保持這種態度，大多會獲得很大的成果，這樣的比對說明，不斷學習是決定你能否成就事業的一個關鍵性因素。

人的成長是在許多人的幫助與指導下進行的。比如雙親、師長、朋友等的指導，在適當

的時機恰當地幫助，才能實現一個人的正常成長。可是，更重要的，就是對這種幫助與教導要自動去學習、吸收。

大多數人從學校畢業後進入社會就失去了上進心，這種人以後都不會再有什麼進步的。反之，那些學生時代不起眼的人，進入社會後，主動學習，進而取得長足進步，終而「大器晚成」。

學習是21世紀的通行證，只有不斷學習的人才有可能成為21世紀的高效能人才，成為未來的成功者。如果一個人停止了學習，用時下流行的話來說就是停止「充電」，那麼你很快就會「沒電」，會被社會所拋棄。不斷培養自己不斷學習的能力，你離成功就不遠了。

第5節 把學習變成一種人生享受

很多人把學習看做是一件痛苦的事，一提起學習就感到頭痛。這就是應試教育的重大失敗。

為什麼會這樣呢？這是因為考試的壓力產生的副作用。學習如果只是為了考試，那麼學習還有什麼意思呢？學習只能增加人的緊張、恐懼、厭煩等心理負擔。

擺脫功利思想就會把學習的痛苦變為一種人生享受。有了功利思想，你的學習就會有一種負擔和壓力，你就不會是逍遙快樂地學習知識了，達不到功利的目的，你的學習就變成了痛苦的根源。沒有功利思想，你的學習就變得輕鬆自在，沒有負擔，沒有壓力。學習還原了其本來面目，你就能真正地享受學習的快樂。

李萌兼任《萌芽》雜誌主編，這是一本以中學生為讀者群的文學刊物，平時和中學生的接觸比較多，他說：「我確實看到有的孩子很適應現在的教育模式，課內成績很好，課外天地也很豐富，這種教育制度也沒有把所有人都變成傻子。如果他既是重點高中畢業，又有時間玩線上遊戲、看武俠小說，又能考上復旦、北大，那當然好了。」

但是他也看到太多的孩子在「最美好的年紀痛苦的煎熬」。而且，在他看來，「兒子不是那種很適合學校學習方式的人」。

這位父親說：「我不是捨不得孩子吃苦，如果高中三年對你個人成長很有好處，那該吃還得吃。問題是現在的三年，會讓你讀得又苦又傻。語文不要說，生搬硬套死記硬背，數學、理化也大都是重複練習，高中的課程都是為了應付高考，而不是訓練能力。這麼好的三年實在不值。」

李萌的兒子後來又愛讀書了，就是因為沒有心理負擔了，他不是為了考試才讀書而是為了自己的需要。

學習就是為了我們能夠適應社會生活的發展變化，不斷提高自己的能力，如果與此無關就會產生厭學情緒，學習就會成為一件痛苦的事情。

學習本來就是人生的一種需要，有機會學習，能夠學習，本身就是一種享受。只是由於種種原因，我們把這種享受變成了痛苦，變成了負擔。

只要瞭解到這一點，我們就有可能改變現狀。

這幾年，社會上到處都可以看到推廣學習方法的書，諸如《學習的革命》、《四輪學習法》等等，這些方法無疑可以使我們的學習現狀得到改觀，但是還必須結合我們自己的實際情況。盲目地照搬別人的東西，並不能收到好的效果。

關鍵就是人們對待學習的觀念要改變，要全方位的認識學習，不要狹隘的理解學習。

怎樣才能把學習變為一種快樂享受呢？

第一，要明確自己的目的。學習的目的是學習的動力，無目的的學習，既無效率，也無快樂可言。

第二，要有計畫地學習。無計畫就會陷入苦海之中，有計畫就會有收穫的快樂。

第三，帶著問題學習。有問題就會有興趣，在學習過程中解決了問題就會帶來快樂，你就會享受到智慧的樂趣。

第四，在比較中學習。你可以把自己現在的學習結果與以前的學習結果進行比較，在比較中你會發現自己進步了，因而就會體驗到一種快樂。

學習要產生相對的效果，有了效果就會感到快樂，沒有效果就會感到苦惱。產生效果的最好辦法就是活學活用，學用結合，把所學的知識與自己的生活實際結合起來，這樣，就會發現學習的效果。

第6節 豐富自己的知識

有一句話是：「知識改變命運。」知識本身是一種力量，是科學所賦予的力量。擁有知識的領導者能散發出一種高貴的氣質，能給人他能征服一切的霸氣。

施薇，16歲獲得「最佳中國職業時裝模特兒」的桂冠。同年創辦北京歐格美模特兒藝術有限公司，任總裁，培養模特兒新生代。她的夢想就是要做世界名模、做國際品牌代言人；做中國最年輕美麗的總裁，把中國的品牌服裝推向世界，讓世界注目中國……施薇曾經說過，自己的願望是在22歲的時候走向國際。

對於身為領導者的她是否還能繼續自己的夢想這一問題，她笑了笑說：「我會對自己說過的話負責。」她這麼說的，也的確這麼做著。現在的施薇除了管理公司、為一些品牌做代言外，剩下的時間全部用來深造、充電。她深知，要想在國際上佔有一席之地，年輕與美麗並不是資本，只有深厚的知識和文化底蘊才會讓腳下的路無限延伸。

面對新經濟浪潮，對領導者的知識管理正成為一個熱門話題。根據對英國、美國和歐洲大陸一些國家423家公司的高層管理者進行的調查，畢馬威諮詢公司（KPMG）在《2000年知識管理研究報告》中披露，很多企業已經將知識管理做為重要話題列入議事日程。有81%

的受訪公司聲稱已經實施或正在考慮實施知識管理項目。

現代社會中，知識、科技等在領導者人才素質體系中佔據著越來越重要的位置。這主要是由知識經濟、網路經濟等世界發展的潮流決定的。知識經濟、網路經濟條件下，知識、科技成為最主要的資源和最重要的社會財富，甚至高品質的領導權力也來自知識的掌握和應用，知識是用途最廣的社會領導控制力的來源。

在以知識決策和知識管理為導向的知識經濟和網路經濟時代，誰擁有知識，誰就擁有了領導的可能；領導權力的威信也要依靠知識做為支撐。因此，有人斷言，市場經濟尤其是知識經濟條件下，只有知識，才能增長智慧、鞏固權力、增加權威。有知識的領導權威是文明的、高質的和理智的權威；沒有知識的領導權威則是原始的、低質的和愚蠢的權威，勢必面臨「盲人騎瞎馬，夜半臨深池」的危險境地。

知識淵博的領導者善於駕馭全域。一個企業的廠長或經理，不僅要懂得國家和政府的政策法規，還能在實際工作中熟練運用管理經營知識。所以，領導者在博學的同時，還要多識，要有各式各樣的豐富的社會知識，即要看得多，聽得多，知道多。

雖然天文地理無所不通，諸子百家無所不曉是任何人也難以做到的，但盡量通得多，曉得多則是領導者應該追求的。一般人或領導者因為缺少豐富的知識，常常不能真正深刻地理解事物和處理事務，而具有淵博知識的人和領導者，往往可以觸類旁通，舉一反三。由此可見，要成為成功的領導者就要勤於學習知識，要多多益善，盡可能做個「通才」，那麼領導效果就會大大提高。反之，一個知識貧乏的領導者則可能在許多問題上一籌莫展。

一個領導者若具備豐富的知識，他便能對別人產生更大的影響力。領導者所擁有的權力稱為職權。一個工作群體的領導者除了具有行政領導權外，還必須掌握豐富的業務知識，這樣才能做出正確地判斷，使下屬對他滿意，才能使他在下屬中產生影響力。

大陸的國家主席江澤民，能用流利的英語演講，與外賓交談，還通曉俄語、法語，精通機械製造等專業知識，並能在晚會上指揮群眾一道放聲高歌祖國，他給全國人民留下的印象是難忘的。有這樣才華橫溢、知識淵博的領導者，人們自然產生信任感，這對國家的穩定、經濟的繁榮將產生巨大的影響力。而且這種影響力不是靠說教來的，而是從人們內心自發產生的。

新世紀，對領導者的知識化要求越來越高，沒有知識的學習和補充，不光難以擔當領導職位的重任，即使處在領導位置上，其權威也要受到挑戰和質疑。領導者知識的擁有和補充是其能否繼續在領導職位上留任的最主要評價標準。要瞭解市場經濟、知識經濟所要求的現代金融、現代管理、領導科學、歷史與法律等多方面的知識；不僅要具備社會科學的基礎知識，而且還要掌握現代科技的基本知識等。

任何一個領導者只有在努力學習和補充各方面知識的前提下，突出自身素質的「知識化」特點，才能成為新世紀尤其是市場經濟、知識經濟條件下稱職的領導者。美國兵的「戰場指南」上的重要一條是：知識往往是簡單的，而簡單的知識往往是不容易明白的。所以領導者知識不必求精求難，在需要的時候活用簡單的知識往往更能凸顯出你的性格。

總之，在現代企業管理中，要樹立領導者真正的權威，就必須提高領導者的知識能力，提高領導者的影響力。可見，知識的魅力是強大的，知識才能因素產生的影響力是相當重要的。要成為一名成功的領導者，必須不斷學習，逐步提高自己的知識能力。

領導的魅力不僅僅是來自得體的穿著、脫俗的談吐、嫻雅的舉止、美好的姿態，更是內在氣質的自然流露。一個具備豐富知識的領導者，能對員工產生更大的影響力；一個有才能的領導者會給工作群體帶來成功的希望，使人對他產生一種敬佩感。

第7節 學會自我完善

我們每一個人的頭腦因自身所處環境的不同，而呈現不同的發達度和完善度。也因此我們常常會在某一方面佔據優勢，在另一方面差之甚遠。有的人可能動作敏捷，但智商不高；有些人可能音樂才華出眾，卻沉默寡言。人具有某種缺陷並不可怕，因為每個人都會有一、兩個地方不如人意，可怕的是這種缺陷影響了我們的自信，使我們無法走向成功。

頭腦是富有適應力的。有很多人，曾經把他們生來不健全或因缺乏動作而不健全的一部分頭腦全盤改造過，使得先前因為缺少動作而導致有所缺陷，或不健全的品行或機能變為健全、發達。不同的職業或環境會使我們的頭腦發出各種不同的反應，因而表現出各種不同的機能或品行。所以人類的環境愈複雜，職業的門類愈繁多，人類頭腦的適應力愈加強，人類頭腦的組織愈發達、愈複雜；而世界文化也因此更趨複雜。有很多人，起先是缺少某些特殊的精神機能，後來卻完全培養成功，完全發達了。

將來「培養頭腦」的科學會教我們怎樣去阻止與消除我們精神上的種種病態，教我們知道怎樣去補救、加強我們精神上的缺點與弱點。我們會知道只有平衡頭腦發展，才能發出最大的力量，而僅僅發達頭腦中的某一種或某幾種的品行或機能，把其他有同等重要性的品行和機能置之不用，甚至於衰退，絕不是科學的教育；而實在是人類文化的一種大缺陷和人類幸福的一大障礙。假使你在某種品行或機能上有缺陷、有弱點，而欲加以補救，你應當常把你的思想集中在那些品行或機能上。如果你的思想常常集中在哪個地方，那一部分的腦細胞會漸漸地加強，漸漸地發達。假使你確有一種主意不堅定與優柔寡斷的毛病，你只要常常懷著一種堅決的精神態度，自己想著你一定能夠做出敏捷、聰明、決斷堅定。不要以為你是弱者或不能做出決斷。

許多人的心胸都為「無知」與「迷信」所拘束，並遭受煩悶、恐懼、不安思想的踐踏，致使他們的頭腦不能發揮出十分之一以上的固有力量。他們的精神不能完全自由，他們的心胸被各種恐懼、憤怒、煩悶等情感所控制，所以無法形成一種有效率的健全的思想。懷著積極、樂觀、堅信的思想，可以使我們的精神和機能得到加強；反之懷疑與缺乏自信的思想只能使它轉弱。不但我們的精神缺陷可以補救，我們的弱點也可以加強，暗示的力量可增加我們一般的能力。我們的各種精神素質或身體機能易於改變，易於進步，易於發達的程度，簡直是十分驚人的。

有時候一個人的天賦很高，機能發達，因為我們的環境，我們的精神活動，不足以引起它動作，於是全部不得發達，全部埋沒。如果稱懂得「養成習慣」的方法，那以上種種毛病是不難補救的。補救之道無他，就在「從頭去做，反其道而行之」。往往有許多人，起先並未顯出他有何種特殊的天才，但職業或環境變換之後，他們的天才——以前所意想不到的天才，會很明顯地表露出來。

沒有人會否認我們的身體是由我們的思想所支配的，身體是和諧還是紊亂，是健康還是疾病，全以我們日常的思想為轉移。在我們心情沮喪，而周圍一切都顯出黑暗、慘澹的時候，假使有某種幸運之事突然來臨，或者有一位分別很久、十分想念的人突然來訪，或者到田野去散一會兒步，那我們一切的精神創傷，可以被那種新的暗示完全治癒了。

又或者在旅行時，我們見到了一種江山如畫的景色，或看見了某種我們慕名已久，很想目睹的藝術作品，在那時候，一種強烈的愛慕和興趣——一種優美、崇高的暗示——會暫時把我們心中的煩悶、恐懼等等思想全部消滅。而就在不久以前，這些思想還盤踞在我們心中，欲毀滅我們的幸福呢！

有些人懂得了這層道理，在心中不斷地懷著良善的思想，結果往往能於一年之中形容一變，可以使得別人不易認識他。我們大部分人都體驗到一種驟然的心靈更新的經驗，那突如其來，那驅除我們心胸中的一切陰霾，放射出歡愉、幸福的陽光，至少暫時可以改變我們對於生命意義的看法。以前佈滿著懷疑、恐懼、煩悶、不安、忿怒的面容，現在變得充滿希望、積極、愉快與歡欣了。

所以，不要以為「天才」兩字只是上帝吝嗇地賜予鳳毛麟角的那些讓我們不可企及的人身上的，你也可以，只要懂得自我完善。

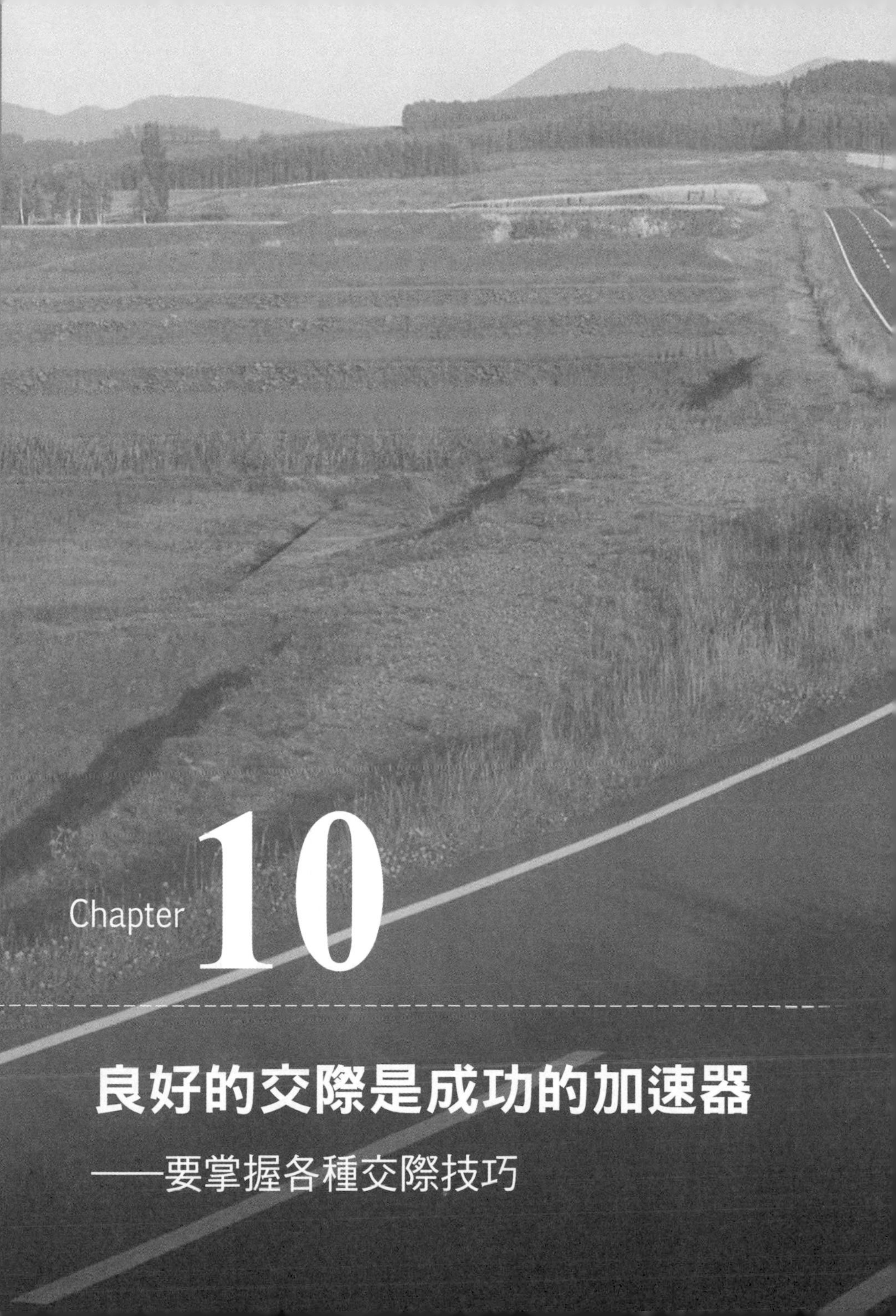

Chapter 10

良好的交際是成功的加速器

——要掌握各種交際技巧

第1節 學會適當地恭維對方

邱吉爾曾經說過：「你想要人家有什麼樣的優點，你就怎樣去讚美他吧！」心理學家威廉．詹姆斯說：「人性最深層的需要就是渴望別人欣賞。」如果在人際交往中，你懂得這一點，懂得恭維，善於恭維，那麼你將成為一個有同情心、有理解力、有吸引力的人。

下面教你幾招——

●選擇適當的話題，借題發揮。

恭維本身往往並不是交際的目的，而是為雙方進一步交往創造一種融洽的氣氛。比如看到電視機、電冰箱，先問問其性能如何；看到牆上的字畫就談談字畫的欣賞知識，然後再借題發揮地讚美主人的工作能力和知識閱歷，進而找到雙方的共同語言。千萬不要用挑剔的口吻，即使看到某些不足，也不必過於認真，以免使對方情緒不快。

●語意懇切，增強恭維的可信度。

很多時候，我們會發現恭維別人往往讓人覺得可信度不高，那麼如何提升恭維的可信度，就是要在恭維的時候，加強你的誠意。這就要求我們在恭維別人的時候，抓住對方的細節處理，讓人家覺得你的讚美是從心裡出發的。千萬不要對別人進行籠統的誇讚。

● 注意場合，不使旁人難堪。

在有多人在場的情況下，恭維其中某一人必然也會引起其他人的心理反應。比如你恭維某次升等考試成績好的人，那麼在場的參加同次考試成績較差的人就會感到受奚落、被挖苦，這時你就要尋找某些因素，如某人複習時間太短，某人出差回來倉促上陣等等客觀原因，來顧全他們的面子。

● 措詞精當，不使人產生誤解。

在現實生活中往往會出現這樣的事：說話者好心，而聽話者卻當成惡意，結果弄得不歡而散。因而恭維的語意要明確。避免聽話者多心。

● 掌握分寸，不要弄巧成拙。

不合乎實際的評價其實是一種諷刺。違心地迎合、奉承和討好也有損自己的人格。適度得體的恭維應建立在理解他人、鼓勵他人、滿足別人的正常需要，及為人際交往創造一種和諧友好氣氛的基礎上，那種帶著不可告人的目的曲意迎合是我們所不齒的。

在人和人的交往中，適當地恭維對方，總是能創造出一種熱情友好、積極肯定的交往氣氛。恭維還具有引人向善的作用，促使對方形成良好的行為規範。

適當地恭維對方，能夠很自然地贏得對方同樣的回報。

第2節 微笑也是一種交際手段

達文西的《蒙娜麗莎的微笑》無人不知無人不曉，蒙娜麗莎的微笑，也是人們津津樂道的事件之一。那是什麼樣的笑呢？神祕的微笑？邪氣的微笑？還是純真的微笑？總之是謎一樣的笑容。

你如果看見某個人天天在辦公室或大街上哈哈大笑，一定不會認為他有風度有教養。因而，在辦公室中，要學會用微笑去打動人心，傳達資訊。微笑是最動人的，真誠的微笑還可以顯示你的豁達大度和對生活積極樂觀的態度，它有著強大的感染力。

初次與他人見面時，一定要露出合理的微笑，既讓人覺得有禮貌，也讓人覺得如沐春風，最好讓對方感到親切，可以與你有進一步的交流。這就是微笑的力量啦！

那麼，怎樣才能使自己發出會心的微笑呢？怎樣才能讓自己的微笑為別人所認同呢？

● 你的心中要對生活充滿熱度。也許繁忙的工作和複雜的人際關係，讓你覺得社會十分陰暗，尤其是你遭遇「辦公室政治」帶給你不公平待遇的時候。但是，這些都不是生活的真諦。你要相信自己的智慧和能力，將你對人對事的美好感覺表現在你的表情之中，這樣才會笑得真誠。

● 要保持一種幽默感，學會用微笑化解對自己不利的局面。你在生活中一定會遇到過別人對你的某些缺點或不足說出一些讓你難堪的話，這時候大可以一笑了之，算是自我解嘲。這樣的微笑，顯得大度而有涵養，可以「化困窘為祥和」，不會讓你面紅耳赤，張口結舌，說不出話來。

●微笑的時候氣度要優雅，不可粗俗、放肆。因為大家會很自然地認為這個人的笑容表現出了他內在的修養和精神追求。

●要避免一些不正確的笑容。例如冷笑，即充滿怒意、諷刺、無奈、不屑、不以為然的笑容；媚笑，即諂媚的笑容，這種笑容出於某一目的，想去討好別人，反而讓人討厭；嬌笑，即裝腔作勢，模仿別人嗲聲嗲氣的聲音，這會給人沒有修養的感覺；竊笑，即偷偷笑話別人，看到別人出事時幸災樂禍，陰陽怪氣，最讓人反感。

●微笑的時候臉部表情要和諧，不能只有嘴唇上挑而其他的臉部器官不配合。

微笑是一種交際手段，其優點在於可以緩和氣氛，可以對人表示歡迎。很難想像你板著一張臉對來賓說「歡迎」時，來賓心裡是什麼樣的滋味。

微笑還可以用來表示歉意，當你做錯事時，可以用歉意的微笑來擺脫尷尬。

在利用微笑做交際手段的時候，不能假笑、訕笑、奸笑、皮笑肉不笑，這些笑容都會讓別人覺得你不懷好意。對你心存戒心。

所以在恰當的時刻，發出恰當的微笑，會使你得到意想不到的收穫，因為微笑是散播歡迎更好的辦法。

第3節 控制自己的脾氣

在辦公室中，往往會出現令人異常尷尬或情緒激動的事情，這時你便希望或者下意識地以發怒來發洩感情。辦公室中的怒氣會損傷你和同事之間的友情，同時更會讓你的形象大打折扣，尤其是對女性來說，為了一件事情大發脾氣，結果會令同事目瞪口呆，以前苦心經營的形象付諸東流。同時從生理學角度來說，發怒也不利於身體健康。

所以學一學「控制怒氣」的藝術是有必要的。其方法是：

- 轉移注意力。在你將要發怒時，趕緊離開讓你難堪、惱怒或者羞辱的情形，避免爆發。
- 向你的好友或親人盡情吐露你不愉快的事情。
- 對於無謂糾紛盡量避免，不要一聽到某件不平之事便義憤填膺，怒不可遏。
- 遇到不平和不稱心的事情。尤其是上司對自己的不公，不能一味往壞處著想，那樣只會越想越氣，越想越想不開。應該心胸開闊，遇事豁達。
- 弄清吵架的原因。

假如你們的爭辯十分滑稽可笑的話，它很可能自然而然地過去。例如：你朋友牙齒咯咯聲使你渾身不舒服，或是你們倆在某個觀點上意見不一。其實這些問題都沒什麼大不了的，最嚴重的爭吵是在某個人對朋友的所作所為真正感到傷心、失望，受到傷害時發生的，比如在你洩露朋友的祕密、講朋友的壞話的時候。

假如你想言歸於好，那麼道歉與修好完全取決於你。假如你生氣是因為你的朋友在他陷入困境時忽視了你，對待你如同「出氣筒」，那麼他應該改變他的這些做法。但是一般來說，這不是件容易的事。更多的時候，不是任何人的錯，或是兩個人都有錯，或是沒人能真正搞清是誰的錯。這就是如何言歸於好的奧妙所在。

●尋找和嘗試言歸於好的辦法。

吵架後，朋友彼此之間會直接出現一種心境——擔心。大多數人最擔心的是遭到拒絕。被人拒絕的確很殘酷，但還不至於是致命的打擊。如果你的朋友扔下你，嘲笑你，那麼這種友誼可能不是最真摯的。但是深呼吸，讓自己輕鬆一下。這偶然的行為會幫助你和朋友驅散緊張的氣氛。

●邁出第一步。

你一旦告別恐懼和擔心，那麼和朋友的交談就會更容易些。別等朋友來找你，儘管他能邁出這第一步是至關重要的，但是誰先邁出第一步真的那麼重要嗎？如果你讓爭吵惡化，那麼你們兩個人會一起失去友誼。如果你們言歸於好，你們就都是勝利者。不要等待他解決問題，你自己應負起責任。時間不等人，你的行動越快越好。

●循序漸進。

不能假裝什麼事都沒有發生過，須主動去嘗試，用積極的態度喚起彼此的信心。「嗨，還生氣嗎？」、「喂，有空我們聊聊好嗎？」假如你面對面地向他提問，不妨帶著真誠的微笑。

●傾聽彼此的心聲。

假如你們雙方都堅信自己是正確的話，那麼很難聽進對方的傾訴。但是你如何弄清朋友的感受呢？你可開誠佈公地說：「我想聽聽你的意見，告訴我你是如何想的好嗎？」而且當對方談話時，不要打斷他或是與其爭辯，讓她感到你尊重他，也許矛盾好解決一些。

似乎白領的工作都是這樣的：朝九晚五，四季恆溫，一個格子間，一個顯示器，一大堆文件，做不完的事情。在這其中，你心情如何，會不會厭倦？

面對一個快捷的消費社會，時刻準備著，接受變化。發現興趣，不墨守成規，不故步自封，人才能夠跟上時代的步伐，在和諧的環境裡創造一個全新的自我，從中享受到創造的快樂。但願在所有勞動者的節日裡，每個人都能自信地說：工作著是快樂的！

第4節 不要吝惜讚美之辭

發自肺腑的稱讚既是表現自己寬闊胸襟的最好方法，也是提高自身修養的快捷方式。不要吝嗇幾句簡短的話語，即便開頭會有點難，堅持下去，你一定會有不一樣的感受。

有一次我坐火車去外地，那是一個夏天，天氣又悶又熱，我隨著一個年輕人走進擁擠的列車餐車去吃午飯，在服務員遞給他菜單的時候，他說：「今天那些在爐子邊燒菜的小伙子一定是夠受的了。」那位服務員聽了後吃驚地看著他說：「上這來的人不是抱怨這裡的食物，便是指責這裡的服務，要不就是因為車廂內悶熱而大發牢騷。這麼多年來，你是第一個對我們表示同情的人。」

據此，我們可以發現，人們所需要的，其實只是一點做為人所應享有的關注。

也許，以下的故事更能觸動你的心。有個淘氣的男孩很想向他媽媽大喊他恨她，但又害怕受到懲罰，就跑出家，來到山腰上對著山谷大喊：「我恨妳！我恨妳！我恨妳！」山谷傳來回應：「我恨妳！我恨妳！我恨妳！」男孩吃了一驚，跑回家去告訴他媽媽說，在山谷裡有個可惡的小男孩對他說恨他。於是他媽媽就把他帶回山腰上並讓他喊：「我愛你！我愛你！」男孩照他媽媽說的話做了，這回他發現有個可愛的小男孩在山谷裡對他喊：

「我愛你！我愛你！」

佛告訴我們，如果一個人的內心如蓮花般高潔，那麼他看其他的人也會像蓮花一樣潔白高尚。

你曾經看過蘇伊士運河，或伊泰普水壩的運作情形嗎？在水位移動的過程中，船隻上升十幾英尺的高度，它們是怎麼做到的呢？不是因為有人將船抬高，而是因為水位上升，船隻自然也跟著升高；這就好比當你讚美、歸功他人時，你的人生也會因此更加樂觀，充滿了感恩之心及源源不絕的活力。

每一個足球前鋒都知道，球隊的勝利不是他一個人的功勞。前鋒的進球要靠後衛、中場的默契配合，另外，沒有守門員的出色防守，自己也不可能打出漂亮的成績。那些清楚這個事實，並能公開、大方地讚美隊友的人，是值得嘉許的，因為在他們身上具有令人讚賞的風度及雅量。

所以，從身邊開始吧！開始稱讚自己的母親，即使她是一位單親家庭的母親。沒有辛苦的付出，她是不可能獨立撫養一個孩子長大成人。有智慧的母親懂得感謝別人對她的幫助，無論這些幫助是來自於師長、神父、鄰居或親朋好友。這樣做並不會貶低了母親的價值，相反地，她們為孩子們開啟了一扇窗，讓他們瞭解每個人都可能在他們的生命中扮演重要的角色。她教導孩子們如何尊敬及看重他人，同時，母親也因此在這個撫養的過程中，感受來自他人的輔助與支持。

如果你身邊都是正直又有能力的人，而這些人又和你有相同的方向及類似的價值觀，你會發覺常常慷慨地將功勞歸於他人並不是件困難的事。感謝那些幫助過你的人，公開地感謝他們的協助及貢獻，對他們寶貴的意見及努力心存感激。無論何時，要是有不少人在一起，那就需要考慮周到。大家聚在一起交談，一個有心人會讓每個人都感到自己是這場討論的參與者。

《心靈雞湯》裡曾經提到過做為餐桌上的主人的情況：主人應該接過一個害羞的人所講的猶猶豫豫的觀點，從中發現出人意料的智慧之處；把它加以擴展，直至最初提出這個觀點的人感到自己確實對人類智慧做出了某種貢獻，那麼每個客人在離開餐桌的時候會感到像是在空中行走，相信自己比原來想像的要偉大些。同樣的，如果你是一個公司主管，就把你的成功建立在員工們一起努力的基礎上，大方地讚許你的員工吧！感謝一些每天勤奮工作的人，為他們喝采，稱讚那些為這個團體努力工作的人。你不會因為嘉許員工，和他們分享成功，而失去他們對你的尊敬，相反地，你會得到更多。

但是，請記住，在稱讚他人時，真誠是最為重要的。讚揚人也是一種藝術，不但需要合適的方式加以表達，而且還要有洞察力和創造性。一位舉止優雅的女性對一個朋友說：「你今天晚上的演講太精彩了。我情不自禁地想，你當一名律師該會是多麼出色。」這位朋友聽了這意想不到的評語後，像小學生似地紅了臉。

正如歌德切特曾經說過的：「當我談論一個將軍的勝利時，他並沒有感謝我。但當一位女士提到他眼睛裡的光彩時，他表露出無限的感激。」因為只有真誠才能使讚語具有效力。

真誠地讚揚別人，能幫助我們消除在日常接觸中所產生的種種摩擦與不快。這一點在家庭生活中體現得最為明顯。各個家庭成員如能有心經常適時地講些使對方感到高興的話，那就等於取得了使家庭永遠溫馨、穩固的保障。做父親的勞累了一天後回家，當他看到自己的孩子將臉貼著窗子正在等待和注視著自己的時候，便會感到自己的靈魂沐浴在這甜蜜的甘露之中。

開始讚美你身旁的人吧！告訴他們你的感謝，讚揚他們的貢獻，並對他們為公司、為某一部門，或某個團體所做的一切，說聲「謝謝」。如果你身邊都是正直又有能力的人，而這些人又和你有相同的方向及類似的價值觀，你會發覺常常慷慨地將功勞歸於他人並不是件困難的事。感謝那些幫助過你的人，公開地感謝他們的協助及貢獻，對他們寶貴的意見及努力心存感激。

第5節 盡快同意反對你的人

留心我們的周圍，爭辯幾乎無所不在。一場電影、一部小說能引起爭辯，一個特殊的事件、某個社會問題能引起爭辯，甚至，某人的髮型與裝飾也能引起爭辯。而且往往爭辯留給我們的印象是不愉快的，因為它的目標指向很明白：每一方都以對方為「敵」，試圖以己的觀念強加於彼。

這種辯論指的是個人與個人之間，而如果用於團體，像辯論會似的，則應另當別論。比方說：由於最近發生某個社會問題而引起爭論，最後，雖然因為你用某某事件或理論來證明你的意見是正確的，透過爭論達到了勝利的目的，而他也已啞口無言了。但你萬萬不可忽略了這一點，他不一定從內心放棄他的思想來信奉你的主張。

因為，他在心裡所感覺到的，已經不是誰對誰錯的問題，而是他對於你駁倒他懷恨在心，因為他的自尊心受挫了。

這樣的爭論過程中難免有情緒激動、面紅耳赤，甚至去翻對方的陳年老底。所以，當雙方都各執己見、觀點無法統一的時候，應該會把持自己，把不同的看法先收起來，等到雙方處於較冷靜的狀態時再辨明真偽。也許，等到你們平靜的時候，說不定會相視大笑各自的失態呢！

而當你勝利的時候，也應該表現出大將風度，不應該計較剛才對方的態度，爭辯是一件事，而交情又是一件事，切切不可混為一談。但他向你認錯的時候，萬萬不該再逼下去，以免對方惱羞成怒。

爭論結束後，你應該顧及到對方的面子，可以給對方一根菸或是一杯茶，抑或求他幫一點小忙，這樣往往可以令他重返愉快的心理。

香港首富李嘉誠與員工相處得很好，據說，李先生從來也沒有直接辭退過員工。李嘉誠曾經講過這樣一件事，有一次，一位職員不小心把辦公室裡一匹非常珍貴的唐三彩馬打破了，李先生只是平靜地提醒他，以後做事要小心。李先生說，馬已經打破了，他已經在自責，為什麼還要指責他呢？

生活中每個人都會遇到一些令人生氣的事，這些事情雖不會置人於死地，但足以讓人感到煩惱。生活中的許多衝突是由於各自的觀點、看法不一致造成的，由於個人性格、辦事作風不同，所以產生了矛盾。比如某中學考完試以後，一個學生對他的好朋友說，他在考試時偷看了書中的答案。過了兩天老師為這事把他找了去，他就認為肯定是那位朋友告的密，並揚言要報復。

所有這些矛盾很容易引發正面衝突，但正面衝突又解決不了問題，結果只會傷了和氣。

而且在爭論中，很容易因激動而出言不遜，甚至大打出手，進而把事情鬧大。在緊張的氣氛中，在一觸即發的時候，最好的辦法是先一言不發地走開。迴避可以給對方思考、冷靜的機會，也可給自己考慮的時間。

兩千多年前，耶穌說過：「盡快同意反對你的人。」在耶穌出生時，埃及阿克圖國王給他兒子一些忠告：「圓滑一些。如果要別人同意你，請尊重別人的意見，切勿指出對方錯了。」

古語說得好：「海納百川，有容乃大。」對一個成功人士來說，他的人格魅力來自他的胸懷，一個人有什麼樣的胸懷就能成就什麼樣的事業。反之，苛刻的指責非但不能解決問題，反而會使人際關係緊張，在一個集體當中，把自己變成孤家寡人。

第6節 打圓場，下臺階，留面子

給人臺階，保其面子，不單單是個技術問題，更重要的是個人的修養與容人雅度。凡事總愛幸災樂禍，就不可能在社會上立足。

每個人都希望給別人一個好的印象，所以不希望自己不好的一面暴露在大家面前。因此在社交場合中，我們會發現大家都很注重自身形象。在這種心態的支配下，常常會因一個人使他下不了臺而產生比平時更為強烈的反感，甚至結下終生的怨恨。要是別人出醜了，就主動打打圓場；有人陷入窘境，主動解圍，給他找個臺階讓他下得了臺。與人產生不愉快時，更少不了打打太極，讓對方少丟些面子，保持體面，進而把事情擺平，甚至變壞事為好事。只有懂得「打圓場，下臺階，留面子」，你才能成為受歡迎的人。同樣，也會因你為他提供了臺階，使他保住了面子、維護了自尊心，而對你更為感激，產生更強烈的好感。這些對於今後的交往，會產生深遠的影響。

「打圓場，下臺階，留面子」的作用往往有兩種。一是要盡量保守祕密，掩蓋其醜處；二是要在醜事曝光後，使其產生的不良後果變得小一些。因此，在交際中，如果不是為了某種特殊需要，一般應盡量避免觸及對方所避諱的敏感區，避免使對方當眾出醜下不了臺。俗話說家醜不可外揚，自己的難言之隱誰也不想示人，以免落人笑柄。所以「打圓場，下臺階，留面子」就成了為人處世的必修課。

在社交中，有人可能出於習慣愛撒些小謊，或不想丟面子沒說真話，甚至出於難言之隱不能講真話。一般說來，我們都應該睜一隻眼閉一隻眼，不能當面拆穿。

還有就是在社會交往過程中，誰都可能不小心弄出點小失誤，比如說了錯別字，講了外行話，記錯了對方的姓名、職務，禮節有些失當……等等，出現這類情況時，只要是無關大局，就不必對此大肆張揚，故意搞得人人皆知，使本來已被忽視了的小過失，一下變得顯眼起來。更不應抱著譏諷的態度，以為「這回可抓住笑柄啦」，來個小題大做，拿人家的失誤在眾人面前取樂，這樣做不利於你自己的社交形象，容易使別人覺得你為人刻薄，在今後的交往中對你敬而遠之，產生戒心。

小處馬虎一點，樂意給人臺階，讓對方下得了臺，不單單是個技術問題，更重要的是個人的修養與容人的氣度。凡事總帶著壞心眼，

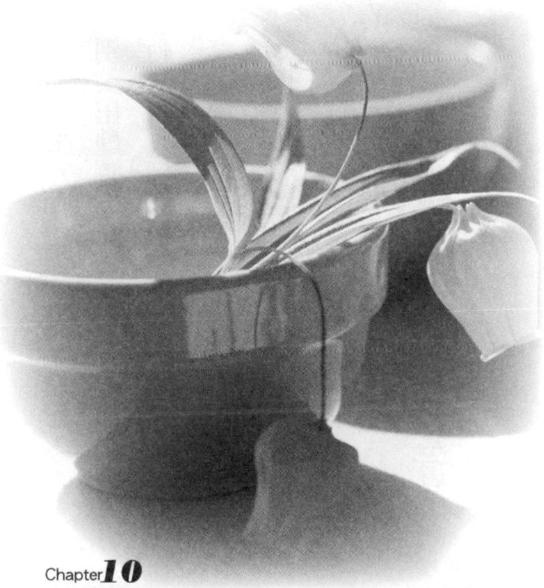

見別人陷入尷尬便幸災樂禍，就不可能在社會上立足。莫因醜小而不遮，貼金撲粉人人樂為；可是令人不齒之事，相信沒有人願意讓人傳揚。別人出醜時，更不可幸災樂禍之心溢於言表，否則會結下仇家，並為眾人所不齒。如能主動為別人打圓場、下臺階、留面子，就能順水推舟地做個下人情。有必要的時候，也可以委婉地暗示對方已知道他的錯處或隱私，以造成一種對他的壓力。但這只是視情況而定，不可過分，點到為止，否則會弄巧成拙。

在中國的處世哲學中，最講究方圓之術。其中的「圓」是指做人要圓融、圓通一些，要想在複雜的人際關係中，取得順暢生活的通行證，打圓場、下臺階是方圓之術的常用手法。如果不幸落人社交僵局之中，就要通權達變，打破冷場堅冰。

第7節 給自己留點餘地

在人際交往中，我們常常會發現，有的人能夠在交際圈內縱橫捭闔，進退裕如，而有的人卻常常被動，進退維谷。其中，原因可能是多方面的，但無疑與他們不善於在人際交往中留有餘地有一定的關係。

所謂「留有餘地」，就是在人際交往中推行「彈性外交」，使自己、對方，甚或雙方都能獲得更大的迴旋空間，進而減少或避免一些不必要的摩擦或傷害。

在答應別人時，注意使用「模糊語言」，以便自己贏得主動。有的人在答應別人時，總是言之鑿鑿，肯定而又具體。這其實也不是壞事，如果自己對答應別人的事確實有把握，確信能夠如期實現，有何不可？但問題是，由於事情的發展並不總是以自己的主觀意願為轉移，有時會出現一些「意外事件」，結果使自己答應對方的事無法實現，給對方「言而無信」的印象，影響了人際關係的和諧。

明白了這一點。我們在答應別人時，不妨「未雨綢繆」，使用一下「模糊語言」，以便為自己贏得主動。

阿明和阿鵬是大學同學，畢業後又在同一個縣。但由於平時各自為生計而奔波，彼此來往並不多。一天，兩人在街上邂逅，阿明對阿鵬說：「你我畢業都快三年了，還沒在一起好好聊過。你看能否訂個時間到我家來，一起聚一聚，夫人作陪！」小張一聽也高興，說：「這主意不錯。這樣吧，國慶日前後我一定前往。」阿明忙說：「好，我們不見不散！」在這裡，阿鵬答應阿明時，沒有提供一個具體的約會時間，而是說「國慶日前後」。是國慶日前還是國慶日後？前後又是幾天？模糊而不確定！不過這樣一來，阿鵬就為自己贏得了主動。無論國慶日前幾天去，還是後幾天去，都不為失約。

在拒絕別人時，不妨先拖延一下，以使自己「進退有據」。有的人在面對別人的求助而自己又確實無能為力，或因事不正當自己不願出力時，往往不做解釋，一口回絕，顯得生硬而不友好，常常讓對方產生「不夠意思、不願幫忙」的想法。因此，我們在拒絕別人時，最好不要當面拒絕，答應考慮一下，給自己留點迴旋的空間。以便使自己「進退有據」。張和王是大學同學，兩人關係甚篤，畢業時，張分到了某縣機關，而王留校任教。一天，張專程到學校找到王說：「王老弟，我這次專程到這裡來找你，是想讓你在×日替我考一下外語。最近機關評職稱要用到。就我這兩下子怕是應付不了。你的外語水準我清楚，包準『馬』到成功！」

王聽了微微一笑，心中合計自己對當前盛行的「代考風」深惡痛絕，說什麼也不能攙和進去。但如果不答應，恐怕面子上過不去。怎麼辦？對，給他來個緩兵之計！於是他笑著說：「張老兄，你的忙我怎麼能不幫？不過，話又說回來了，我現在還不能答應你，因為我還不知道考試那天，系裡對我有沒有什麼安排。如果我能夠脫身，當樂於效力！兩天後我再打電話跟你確認。」兩天後，王給張掛了個電話，說他很抱歉，正巧考試那天，系裡安排校長聽他的課，不好請假，請張多加諒解。這裡，王就採用了「拖延拒絕」一法，使自己贏得認真考慮尋找藉口的時間，獲得了可進可退的空間，既達到了拒絕的目的，又沒有損害雙方的友誼，可謂一舉兩得。

在批評別人時，最好「點到為止」，以維護對方的自尊。有的人在批評別人時，不看場合，不考慮對方的心理承受能力，一味地高聲大嗓，這樣做往往事與願違，傷害了別人的自尊。所以，我們在批評別人時，特別是在有多人在場時，不妨點到為止，力求含蓄地達到批評的目的。

退一步海闊天空，所以一旦發生不可避免的爭論的時候，也許我們可以露出一個善意的微笑，然後你會發現爭吵停息，雲淡風清。

Chapter 11

習慣是人生的偉大指南

——好的習慣是成功的保證

第1節 要相信好習慣的報酬是成功

良好的習慣是成功的鑰匙。

那麼，你該怎樣養成良好的習慣呢？事實上，這個答案很簡單。要在沒有知識和經驗的情況下，開始你的旅程。因為，造物主已經給你遠比這森林裡面任何獸類都多的知識和本能，只是人們將經驗估價得太高了。

說實在的，經驗是對教訓的總結，但是要獲得經驗必須花上很多年的時間，而且，等到人們獲得它的知識的時候，其價值已隨著時間的流逝而減低了。結果呢？經驗豐富了，其人也死了。再說，經驗只是一時的；一個今天很有用的措施，明天不一定就有效和實用。

只有原則可以經久不變，而這些原則現在都在你的手裡。因為，這些帶你走向偉大之路的原則，都寫在這裡。它的教導，會防止你失敗、獲得成功。

事實上，已經失敗的人和已經成功的人之間，唯一不同之點，在於他們不同的習慣。良好的習慣，是一切成功的鑰匙。壞的習慣，是通向失敗的敞開的門。因此，要遵守的第一個法則就是：要養成良好的習慣，全心全力去實行。

小孩子的時候，會為感情而衝動，就要全力遵守習慣。在你一生過去的行為當中，你的行動受俗念、情感、偏見、貪婪、恐懼、環境、習慣所支配，而這些暴君裡，最壞的就是習慣。因此，如果決定要全心全力服從習慣的話，一定要全心全力服從良好的習慣。必須將壞習慣全部摧毀，準備在新的田地，播下新的種子。

我們怎麼克服那些壞習慣呢？那就要培養出一種新習慣來抑制它，當然，這個新習慣就是我們所謂的好習慣了。

凡事變成習慣就容易做。要想使某件事成為習慣，就要持之以恆。還要做的就是，要不停的給自己心理暗示。

這種習慣有什麼用呢？這裡面隱藏著人類本能的祕訣。當每天重複唸這些話的時候，它們很快就會成為精神活動的一部分。而最重要的是，它們會溜進心靈，變成奇妙的泉源，永不停止，創造幻境，並使你做出你不能理解的事情。

當這種話語被奇妙的心靈完全吸收的時候，每天早晨，你便開始帶著以前從來沒有過的一種活力醒過來。你的元氣將會增加，你的熱忱將會升高，你迎接世界的慾望將會克服一切恐懼，你將會比你想像中的快樂更快樂。

最後，你發現自己已有了應付一切情況的方法。不久，這些方法就能運用自如。因為，任何方法只要練習，就會熟能生巧，難的也變成容易的了。

因此，一個好的習慣就產生了。當一種習慣，由於經常反覆地練習而變成容易的時候，你就會喜歡去做。一旦喜歡去做，你就會願意時常去做，這是人的天性。當你時常去做的時候，它就成了你的一種習慣，你也就成為它的奴僕。因為它是一種好習慣，也就是你的意願。

你要鄭重地對自己宣誓，沒有人能夠阻礙你的新生命的成長。你不能一天不讀這些讀物。因為，損失一天就沒有辦法補救，也不能以別的事物來代替。你絕不要中斷每天閱讀一本書的習慣。實際上，每天在這新的習慣上花費幾分鐘，對將要屬於你的那種快樂和成功來說，只是付出微小的一點代價而已。

當你閱讀一本書裡的字句的時候，絕不要使每一個字簡略，也不要把每一句話簡化，以免忽視這裡的指示。這些智慧之葡萄被擠壓到一個裝著酒的瓶子裡，葡萄皮和渣拋給了鳥吃——許多沒有用的東西，已經過濾出來，隨風飄逝。只有純粹的真理，提煉在將來的話語之中。你要照書中指示的方式喝下去，絕不吐掉一口。這樣，你就會吞下成功的種子。

今天，你的老皮已經變得如塵埃逝去。你要在眾人中昂首闊步，不管他們認不認識你。因為，今天你是一個有新生命的新人。

第2節 刻苦是一所貴族學校

刻苦是一所高貴的學校，它的學費高昂，它的學員均有所成就，因為在這所學校裡有最有用的知識，可以培養你堅忍不拔的習慣。

其實，勤勞本身就是財富，如果你是一個勤勞、肯幹、刻苦的員工，就能像蜜蜂一樣，採的花越多，釀的蜜也越多，你享受到的甜美也越多。

勤能補拙，笨鳥先飛，所以即使我們的智力不如別人，我們的天賦不如別人，但後天的努力刻苦絕對會在日積月累中祝你成功。

也因此要做一個合格的員工，就要有實幹精神，要有堅持到底的決心和信念，這樣我們才會在工作中取得意想不到的成績，受到上級的賞識：加薪，提升……

如果你是有志於工作的人，那麼每天都應該問幾遍自己：「我勤奮嗎？」

成功需要刻苦的工作。做為一名普通的員工，你更要相信，勤奮是檢驗成功的試金石。即使你天資一般，只要勤奮工作，就能彌補自身的缺陷，最終成為一名成功者。

公司的管理者總是把勤奮刻苦做為對員工的最好教育。

工作中，許多人都會有很好的想法，但只有那些在艱苦的探索過程中付出辛勤勞動的人，才有可能取得令人矚目的成果。同樣，公司的正常運轉需要每一位員工付出努力，勤奮刻苦在這個時候顯得尤其重要，而你的勤奮態度會為你的發展鋪平道路。

勤奮敬業的精神，不僅是走向成功堅實的基礎，它更像一個助推器，把你推到上司面前。如果有一天你得到了升遷，你應該自豪地對自己說：「這都是我刻苦努力的結果。」

在一般人的眼裡，楊偉肯定算不上命運的寵兒。由於出身貧寒，他接受教育和獲得科學知識的機會都很有限。然而，他是一個有著真正勤奮刻苦精神的小伙子。當他在藥店工作時，他甚至把舊的平底鍋、水壺和各式各樣的瓶子都用來做實驗，鍥而不捨地追求著科學和真理。後來，他以電化學創始人的身分出任英國皇家學會的會長。

年輕的約翰·華納梅克（John Wanamaker）每天都要徒步4公里到費城的一家書店裡打工，每週的報酬是1美元25美分，他勤奮刻苦的精神讓人感動。後來，他又轉到一家製衣

店工作，每週多加了25美分的工資。他勤奮刻苦地工作，不斷地向上攀登，最終成為了美國最大的商人之一。1889年，他被哈里森總統任命為郵政總局局長。

即使你在最卑微的勞動中，只要你著手工作了，你的整個靈魂必將化為一種真實的和諧！疑慮、慾念、憂傷、懊悔、憤怒、失望等都將不存在，於是一切也就平和而安寧。

許多成功者都有一個共同的特點——勤奮。在這個世界上，投機取巧是走不出成功之路的，偷懶更是永遠沒有出頭之日，懶惰是成功的天敵。

你可以問自己：我能不能夠靠自己生存下去？認真地問自己，不要給自己放寬條件。如果現在覺得你還做不到，那麼你必須不懈努力，勤奮刻苦，用自己的實幹達到這樣的目標。一旦你覺得能靠自己活下去，那麼你就是一個有價值的人，但辦法只有一個，就是勤奮。

第3節 每天多勤奮一點點

著名投資專家約翰・坦伯頓（John Templeton）透過大量的觀察研究，得出了一條很重要的定律：「多勤奮一點點」。

他指出，中等成就的人與突出成就的人，所做的工作量並沒有很大差別，如果一定要量化，那麼可能只是「勤奮一點點」的區別。

「每天多勤奮一點點」其實並不難，我們已經付出了99%的努力，已經完成了絕大部分的工作，再多增加一點又有什麼困難呢？但是，我們往往缺少的卻是「多做一點」所需要的那一點點責任、一點點決心、一點點敬業的態度和自動自發的精神。

「多勤奮一點點」其實是一個簡單的祕密。在工作中，有很多東西都是我們需要增加的那「一點點」。大到對工作、公司的態度，小到你正在完成的工作，甚至是接聽一通電話、整理一份報表，只要能「多勤奮一點點」，把它們做得更完美，你將會得到數倍於一點點的回報。

約翰・坦伯頓首先把這一定律運用於他在耶魯的經歷。坦伯頓決心使自己的作業不是95%而是99%的正確。結果呢？他在大學三年級就進入了美國大學生聯誼會，並被選為耶魯分會的主席，而且得到了羅德斯獎學金（Rhodes Scholarships）。

在商業領域，坦伯頓把「多勤奮一點點」進一步引申。他逐漸瞭解到只多那麼一點努力就會得到更好的結果。那些更加努力的人，那些在工作上投入了17盎司而不是16盎司的人，得到的回報遠大於這一盎司應得的回報。

「多勤奮一點點」可以運用到所有的領域。實際上，它是你走向成功的普遍規律。例如，把它運用到高中足球隊，你就會發現，那些多做了一點努力，多練習了一點的小伙子成了球星，他們在贏得比賽的過程中起到了關鍵性的作用。他們得到了球迷的支持和教練的青睞。而所有這些只是因為他們比隊友多做了那麼一點。

在商業界、在藝術界、在體育界等所有的領域，那些最知名的、最出類拔萃的人與其他人的區別在哪裡呢？

答案就是多努力、多勤奮那麼一點。「多勤奮一點點」——誰能使自己多加一盎司，誰就能得到千倍的回報。

卡洛．道尼斯先生最初為杜蘭特工作時，職位很低，但現在他已擔任杜蘭特旗下屬一家公司的總裁，成為杜蘭特先生的左右手。之所以能如此快速地升遷，祕密就在於「多勤奮一點點」。

我曾經拜訪道尼斯先生，並且詢問其成功的訣竅。他平靜而簡短地道出了個中原由：

「50年前，我開始踏入社會謀生，在一家五金店找到了一份工作，每年才賺75美元。有一天，一位顧客買了一大批貨物，有鏟子、鉗子、馬鞍、盤子、水桶、籮筐等等。這位顧客過幾天就要結婚了，提前購買一些生活和勞動用具是當地的一種習俗。貨物堆放在獨輪車上，裝了滿滿一車，騾子拉起來也有些吃力。送貨並非我的職責，而完全是出於自願——我為自己能運送如此沉重的貨物而感到自豪。」

「一開始一切都很順利，但是，車輪一不小心陷進了一個不深不淺的泥沼裡，即便我使盡吃奶的力氣都推不動。這時一位心地善良的商人駕著馬車路過，用他的馬拖起我的獨輪車和貨物，並且幫我將貨物送到顧客家裡。在向顧客交付貨物時，我仔細清點貨物的數目，一直到很晚才推著空車艱難地返回商店。我為自己的所作所為感到高興，但是，老闆卻並沒有因為我的額外工作而稱讚我。」

「第二天，那位商人將我叫去，告訴我說，他發現我工作十分努力，熱情很高，尤其注意到我卸貨時清點物品數目的細心和專注。因此，他願意為我提供一個年薪500美元的職位。我接受了這份工作，並且從此走上了致富之路。」

有幾十種甚至更多的理由可以解釋，你為什麼應該養成「每天多勤奮一點點」的好習慣——儘管事實上很少有人這樣做。其中兩個原因是最重要的：

第一，在建立了「每天多勤奮一點點」的好習慣之後，與四周那些尚未養成這種習慣的人相比，你已經具有了優勢。這種習慣使你無論從事什麼行業，都會有更多的人指名道姓地要求你提供服務。

第二，如果你希望將自己的右臂鍛鍊得更強壯，唯一的途徑就是利用它來做最艱苦的工作。相反，如果長期不使用你的右臂，讓它養尊處優，結果就會使它變得更虛弱甚至萎縮。

身處困境而努力奮鬥，能夠產生巨大的力量，這是人生永恆不變的法則。如果你能比分內的工作多做一點，那麼，不僅能彰顯自己勤奮的美德，而且能發展出一種超凡的技巧與能力，使自己具有更強大的生存力量，進而擺脫困境。

社會在發展，公司在成長，個人的職責範圍也隨之擴大。不要總是以「這不是我分內的工作」為由來逃避責任。當額外的工作分配到你頭上時，不妨視之為一種機遇。

提前上班，別以為沒人注意到，老闆可是睜大眼睛在瞧著呢！如果能提早一點到公司，就說明你十分重視這份工作。每天提前一點到達，可以先對一天的工作做個規劃，當別人還在考慮當天該做什麼時，你已經走在別人前面了。

在工作中，很多時候都需要我們「每天多勤奮一點點」。每天勤奮一點，工作就可能大不一樣。盡職盡責完成自己工作的人，最多只能算是稱職的員工。如果在自己的工作中再「多勤奮一點點」，你就可能成為優秀的員工。

「每天多勤奮一點點」在所有的工作中都會產生好的效果。如果你更加勤奮，你的士氣就會高漲，而你與同伴的合作就會取得非凡的成績。要取得突出成就，你必須比那些取得中等成就的人多一些努力，學會更加勤奮吧！

你沒有義務做自己職責範圍以外的事，但是你也可以選擇自願去做，來驅策自己快速前進。率先主動是一種極珍貴、備受看重的素養，它能使人變得更加敏捷，更加積極。無論你是管理者，還是一般職員，「多勤奮一點點」的工作態度能使你從競爭中脫穎而出。你的老闆、委託人和顧客會關注你、信賴你，進而給你更多的機會。

第4節 勇於承認自己的錯誤

卡內基曾告訴我們，即使傻瓜也會為自己的錯誤辯護，但能承認自己錯誤的人，就會獲得他人的尊重，而且有一種高貴怡然的感覺。

每個人都會犯錯，尤其是當你精神不足，工作過重，承受太沉重的生活壓力時，偶爾不小心犯錯是很平常的事情。人們在犯錯後能以正確的態度面對它，錯而能改，犯錯便不算什麼罪不可恕的事情，反而對於你日後的工作、升遷大有裨益。

某公司財務處李海一時粗心，錯誤地給一位請病假的員工發了全薪。在他發現這項錯誤之後，首先想到的最好的辦法就是想蒙混過去，千萬別讓老闆知道，否則肯定會對他的辦事能力有所懷疑。於是他匆匆找到那位員工，說必須糾正這項錯誤，求他悄悄退回多發的薪資，但遭到斷然拒絕，理由是「公司發多少就領多少，是你們願意給，又不是我要的，白給誰不要？」

李海很氣憤，他明白這位員工是故意抓他把柄，因為他肯定不敢公開聲張，否則老闆必然知道，真是趁人之危！氣憤之餘的李海平靜地對那位員工說：「那好，既然這樣，我只能請老闆幫忙了。我知道這樣一定會使老闆大為不滿，但這一切混亂都是我的錯，我必須在老闆面前承認。」就在那位員工還站在那裡發呆的時候，李海已大步走進了老闆的辦公室，告訴他自己犯了一個錯誤，然後把前因後果都告訴了他，並請他原諒和處罰。

老闆聽後大發脾氣地說，這應該是人事部門的錯誤，但李海重複地說這是他自己的錯誤，老闆於是又大聲地指責會計部門的疏忽，李海又解釋說不怪他們，實在是他自己的錯，但老闆又責怪起與李海同辦公室的另外兩個同事起來，可是李海還是固執地一再說是他自己的錯，並請求處罰。最後老闆看著他說：「好吧！這是你的錯，可是×××（那位錯領全薪的員工）那小子也太差勁了！」這個錯誤於是很輕易地糾正了，並沒給任何人帶來麻煩。自那以後，老闆更加看重李海了，因為他能夠知錯認錯，並且有勇氣不尋找藉口推託責任。

人在性格上都有一種弱點，那就是喜歡聽好聽的，哪怕那些也許並不可信我們也願意傾聽。因從當我們被被人批評時往往會感到不好受，尤其當那個數落我們的人是我們的同級時，會產生強烈的恥辱感。這種不好的感覺也許會讓我們在衝動之下做出什麼不好的事情來，但是有一點我們要注意，那就是：忠言逆耳，利於行。

也許別人的批評讓我們感到難堪，但不能否認的是這種批評也能讓我們有效的認識自身的錯誤，並且即時改正。所以面對批評，要勇於接受，犯了錯誤，要勇於承認。

如果你總是覺得聽到人家指出自己的錯誤，是一種恥辱，令你面紅耳赤，無地自容，以下這些建議或能幫你克服這種心理障礙，慢慢懂得從批評中汲取教訓：

①要明白別人對你的批評並無損你的價值，無須一概以敵視的態度對待意見與你相左的人。

②如果別人對你的工作表現頗有微言，你要知道人家是針對事情發出意見，而不是故意與你作對，或者瞧不起你。

③切勿把「我的工作不被接受」理解為「我不被接受」。

人無完人，沒有人不犯錯，有時甚至還一錯再錯。既然錯誤是不可避免的，那麼可怕的並不是錯誤本身，而是怕知錯不肯改，錯了也不悔過。

事實上，一個人有勇氣承擔責任，也可以獲得某種程度的滿足感。這不僅可以消除罪惡感和自我保護的氣氛，而且有助於這項錯誤所製造的問題。另外，如果能坦誠面對自己的弱點和錯誤，再拿出足夠的勇氣去承認它、面對它，不僅能彌補錯誤所帶來的不良後果，在今後的工作中更加謹慎端正，而且能加深主管和同事對你的良好印象，進而很痛快地原諒你的錯誤。

第5節 責任是一種工作態度

在教育中，有很多關於責任感的訓練。注意生活中的細節也有助於責任的養成。大家都說習慣成自然，如果責任感也成為一種習慣時，也就慢慢成了一個人的生活態度，你就會自然而然地去做它，而不是刻意去做的。當一個人自然而然地做一件事情時，當然不會覺得麻煩和累。

所以當我們為了自身的責任而放棄一些別的東西的時候，就不會覺得不容易，也不會覺得太捨不得了。就比如一個邊防戰士，當別人都在家裡歡聚新年的時候，他卻還守在祖國的邊疆站崗放哨。可是他不會覺得委屈與不甘，相反的，他覺得光榮和欣慰，因為他的守護，自己的家人可以平安的過一個春節；因為他的盡職盡責，全國人民可以安心的過一個好年。這種責任的召喚，使他對安逸生活放棄的心甘情願。

守時也是一個人最基本的責任。要知道，一個人的不守時就等於在浪費別人的生命，我們有能力承擔這樣的後果嗎？在我們的生活中，總會遇到一些不守時的人，自己對此不以為然，這也是他們的生活態度。

所以說，負不負責任都只是一種生活態度罷了。

做為企業的一名員工，有責任遵守公司的一切規定。當你違背了公司的規定但卻沒有足夠的理由，形式上的懲罰並不能掩蓋你對自身責任的漠視。

比如，你上班時遲到了五分鐘，公司可能就扣掉了你當月的獎金，你很可能對公司的處理憤憤不平：「不就遲到五分鐘嗎？有什麼了不起的，也不會有多大影響。」其實，如果你仔細反思一下自己，公司的每個人都遲到五分鐘，那會怎麼樣？你違背了公司的規定，公司如果沒有對你進行處罰，那麼對別人呢？公司的規定豈不是形同虛設？

有人曾嚴厲地提出：「一個沒有制度規範的公司，根本不會有什麼前途。」所以，遵守公司的規定是每一個員工必須承擔的責任，你的這種想法只能說明你沒把自己的責任當成一回事。

當你已經習慣了別人替你承擔責任，那麼你將永遠虧欠別人，你的腰就永遠也不會挺直。所以，把責任做為一種生活態度是最好的，這樣既不會覺得責任會給自己帶來的壓力，也不會因為自己承擔責任而覺得別人欠了你什麼。

尤其是當責任由生活態度成為工作態度時，工作對於自身的意義就不僅僅是賺錢那麼簡單，也就不會因為公司的規定而覺得自己的自由受到了羈絆，更不會做出違背公司利益的事。

所以，做為員工，不要總抱怨老闆沒有給你機會，有空的時候不妨仔細想一想，你是否能夠在老闆交給你任務時，漂亮地完成任務並且沒有多餘的廢話？你是否平時就給老闆留下了一個能夠承擔責任、勇於負責的印象？如果沒有，你就別抱怨機會不來敲你的門。

當你少一些抱怨、少一些牢騷、少一些理由，多一分認真、多一分責任、多一分主動的時候，你再看看機會會不會來敲你的門？

有人說：有幾個人對租來的車子，會像對自己車子那般細心維護？有幾個人在歸還租來的車子之前，會把車子洗乾淨？

責任感有可能就在這樣的小事中失去，責任感也會在這樣的小事中建立起來。

一位曾多次受到公司嘉獎的員工說：「我因為責任感而多次受到公司的表揚和獎勵，其實我覺得自己真的沒做什麼，我很感謝公司對我的鼓勵，其實擔當責任或者願意負責並不是一件困難的事，如果你把它當做一種生活態度的話。」

第6節 第一次就把事情做對

「第一次就把事情做好」，在我參加工作之後不久，有一位上級就告訴過我這句話，但一次又一次的錯誤告訴我，要達到這句話的要求並非易事。

我們是整個公司運作鏈條上的一環，如果我們的工作出了錯誤，那麼整個系統都得重新做一遍，這樣既浪費了大家的時間，又給公司造成了不必要的損失。

是的，面對工作，我們並沒有閒下來，坐等魚上鉤，而是真的在努力做好自己的本職工作。可是當你靜下心來仔細想想，就會發現自己的「忙碌」，很多時候都是在返工。沒有在第一次就達到應有的指標，所以不停的忙著同一件事情，工作效率過低，沒有業績。

平時，在「忙」得心力交瘁的時候，我們是否考慮過這種「忙」的必要性和有效性呢？假如在審核樣稿的時候，那位廣告經理稍微認真一點，還會這麼忙亂嗎？

在很多人的工作經歷中，也許都發生過工作越忙越亂，解決了舊問題，又產生了新事故，在一團忙亂中造成了新的工作錯誤，結果是輕則自己不得不手忙腳亂地改錯，浪費大量的時間和精力，重則返工檢討，給公司造成經濟損失或形象損失。

由此，我們可以發現，很多時候我們的時間都浪費在改錯的循環中，發現錯誤─糾正錯誤—出現錯誤—繼續糾正。這種惡性循環給我們造成了太多的損失。

我們不停的忙碌著，可是居然沒有創造出相對的價值。所以適當的時候，停下來想一想，用對正確的方法，一次將事情辦到位，以免造成不必要的損失。正因為對此有了一定的認知，我們才能很好的理解「第一次就把事情完全做對」這句話的重要意義。

那麼現在，我們需要做的事情就是瞭解什麼是「對」，怎麼樣讓自己一次就「對」？

克勞斯比（Philip Crosby）很讚賞這樣一個故事：

一次工程施工中，師傅們正在緊張地工作著。這時他手頭需要一把扳手。他叫身邊的小徒弟：「去拿一把扳手。」小徒弟飛奔而去。他等啊等，過了許久，小徒弟才氣喘吁吁地跑回來，拿回一把巨大的扳手說：「扳手拿來了，真是不好找！」可是師傅發現這並不是他需要的扳手。他生氣地說：「誰讓你拿這麼大的扳手呀？」小徒弟沒有說話，但是顯得很委屈。這時師傅才發現，自己叫徒弟拿扳手的時候，並沒有告訴徒弟自己需要多大的扳手，也沒有告訴徒弟到哪裡去找這樣的扳手。自己以為徒弟應該知道這些，可是實際上徒弟並不知道。師傅明白了：發生問題的根源在自己，因為他並沒有明確告訴徒弟做這項事情的具體要求和途徑。

第二次，師傅明確地告訴徒弟，到某間庫房的某個位置，拿一個多大尺碼的扳手。這回，沒過多久，小徒弟就拿著他想要的扳手回來了。

克勞斯比講這個故事的目的在於告訴人們，要想把事情做對，就要讓別人知道什麼是對的，如何去做才是對的。在我們給出做某事的標準之前，我們沒有理由讓別人按照自己頭腦中所謂的「對」的標準去做。

「第一次就把事情做對」是著名管理學家克勞斯比「零缺陷」理論的精髓之一。第一次就做對是最便宜的經營之道！第一次做對的概念是中國企業的靈丹妙藥，也是做好中國企業的一種很好的模式。有位記者曾到華晨金杯汽車有限公司進行採訪，首先映入眼簾的就是懸在廠房門口的條幅——第一次就把事情做對。

第7節 學會接受忠告

如果我們聽到有人說我們的壞話，我們不要先替自己辯護。我們要與眾不同，要謙虛，要明理，我們要去見批評我們的人，要說：「如果批評我的人知道我所有的錯誤的話，他對我的批評一定會比現在更加嚴厲得多，我們要依靠自己贏得別人的喝采。」

人要有一定的自主性，認真聽取別人的忠告。當我們遇到了自己真的不懂的問題，而需要請教他人的時候，這一點可以幫你避免不必要的錯誤。如果我們在接受了別人的建議後而失敗，那麼千萬別責怪別人。因為首先你盲目的相信了別人的話，並沒有很好的分析話中的利弊；其次是你自己對這件事情一無所知，如果沒有別人的幫助，你也許會嚐到比現在還大的失敗。當然，如果你希望得到中肯的意見，希望別人的意見真的會給你帶來幫助，那麼你就要有一定的自主性，懂得做利弊分析，懂得判斷形勢。

關於這方面，你可以提出下列各問題：

——你所請教的人發表的意見是寬鬆還是嚴格？如果他是對任何人都能貢獻關於各方面問題的意見，那你對他就可多有信賴。

——他是否是你所想請教的最適當人選呢？看你的指導者對於問題的理解程度如何，而給予相當的信賴。

——他的意見是否與那些同類的專家相同呢？你最好要多得到幾個專家的意見。

——他是否因為想取悅你，便告訴你所喜歡聽的意見呢？尤其是當他想藉著博取你的好感而得到某種利益時，便特別可能有這種情形。

——他是一個保守者，還是一個激進者？如果他是趨於某一極端的，對於他的意見便要打些折扣。

——他對你是否有信心呢？他或許覺得你的才能不足以實行一種困難的計畫，或是當他貢獻意見時，卻生怕你不能成就一種複雜的工作。總之，他是怕你失敗。

——他是否懷著惡意想叫你走錯路呢？他是否想藉著你的失敗而得到些許利益？如果你照著他的意思去做，他便可以得到利益，那麼，你對於這種熱心指導便要當心。

——他是否真心以你的利益為前提呢？

羅斯特屢次對比沙普說：「我之所以覺得你可貴，是因為你所提出的意見乃是我所需要的，而不是你為我所喜歡。」

我們求教於他人時最容易走錯的路，便是我們總是找那些使我們心中覺得舒服的人，要那些人說我是對的，然而實際上我們要追求的乃是真理。

瓦烈梅克曾經說：「年輕的人徵求別人的意見，並不是想追求真正的智慧，或是利用長者已有的經驗。他們不過是想讓別人肯定他們自己的結論，如果得不到這種同情，他們仍按照自己的計畫而行。」

羅斯福總統打獵的時候，會請教一個獵人，而不是政治家。他有政治問題的時候，會去請教一個政治家，而不是請教獵人。

某次，羅斯福在牧場做工時，和他上面的工頭阿爾曼德在培德蘭打獵。他們看見了一群野雞，羅斯福便追著去打。

「不要打。」阿爾曼德喊著。

羅斯福對於這命令毫不理會。當他的眼睛正盯著野雞的時候，忽然從樹叢中跑出了一隻獅子，從羅斯福眼前掠過。羅斯福想拿出他的手槍，但是已太遲了。

阿爾曼德紅著眼珠，責罵羅斯福是頭等的傻子，並以命令的口吻說道：「我每次舉起手的時候，你就要站著不動，懂嗎？」

羅斯福安然地忍受著同伴的怒氣，因為他曉得同伴是對的。所以他也馴良地服從獵人的命令。他之所以服從是因為那個獵人對於打獵具有高超的知識和經驗。

一個電影明星的演技或許是無可挑剔的，但是如果讓他來證明劇本的好壞，恐怕只會蹧蹋那劇本了；一個傳道的牧師或許是一個很正直誠實的人，但是如果要他證明某種專賣藥品是好是壞，恐怕就有受人議論之處了。總之，一個人的人格好，並不代表其對任何事都有證明的資格。

下面再讓我們換一個角度看問題：

在與他人相處時，在與他人交換意見時，如果你是對的，就要試著溫和地、有技巧地讓對方同意你；而如果你錯了，就要迅速而熱誠地承認。

我們每個人都不喜歡接受批評，而希望聽到別人的讚美，也不管這些批評或這些讚美是不是公正。我們不是一種講邏輯的生物，而是一種感情動物，我們的邏輯就像一條小小的獨木舟，在又深又黑、風浪又大的情感海洋裡漂蕩。

「我們敵人的意見，」羅契方卡說，「要比我們自己的意見更接近於實情。」

假如有人罵你是「一個笨蛋」，你應該怎麼辦呢？生氣嗎？覺得受到了侮辱嗎？

林肯是這樣做的：有一次，史坦頓（Edwin M. Stanton）稱林肯是「一個笨蛋」。史坦頓之所以生氣是因為林肯干涉了史坦頓的業務，由於為了要取悅一個很自私的政客，林肯簽發了一項命令，調動了某些軍隊。史坦頓不僅拒絕執行林肯的命令，而且大罵林肯簽發這種命令是笨蛋的行為。結果怎麼樣呢？當林肯聽到史坦頓說的話之後，他很平靜地回答說：「如果史坦頓說我是個笨蛋，那我一定就是個笨蛋，因為他幾乎從來沒有出過錯。我得親自過去看一看。」

林肯果然去見史坦頓，他知道自己簽發了錯誤的命令，於是收回了該命令。只要是誠意的批評，是以知識為根據而有建設性的批評，林肯都非常歡迎。

我們都應該歡迎這一類的批評，因為我們甚至不能希望我們做的事有四分之三正確的機會，至少，這是羅斯福說他希望有的；而他那時候正入主白宮。愛因斯坦是世界上最有名的思想家，他也承認他的結論有百分之九十九的時候都是錯的。

從上面這個例子，我們應當牢記：批評也是一種忠告。

國家圖書館出版品預行編目資料

企圖決定前途／石向前編著
－－第一版－－ 台北市：宇河文化出版；
紅螞蟻圖書發行，2009.10
面　　公分－－(人生 A+；1)
ISBN　978-957-659-738-1 (平裝)

1.成功法

177.2　　　　98017856

人生 A+；1

企圖決定前途

編　　著／石向前
美術構成／ Chris' Office
校　　對／楊安妮、鍾佳穎、周英嬌
發 行 人／賴秀珍
榮譽總監／張錦基
總 編 輯／何南輝
出　　版／宇河文化出版有限公司
發　　行／紅螞蟻圖書有限公司
地　　址／台北市內湖區舊宗路二段121巷28號4F
網　　站／ www.e-redant.com
郵撥帳號／1604621-1　紅螞蟻圖書有限公司
電　　話／(02)2795-3656（代表號）
傳　　眞／(02)2795-4100
登 記 證／局版北市業字第1446號
數位閱聽／ www.onlinebook.com
港澳總經銷／和平圖書有限公司
地　　址／香港柴灣嘉業街12號百樂門大廈17F
電　　話／(852)2804-6687
新馬總經銷／諾文文化事業私人有限公司
新 加 坡／ TEL:(65)6462-6141　FAX:(65)6469-4043
馬來西亞／ TEL:(603)9179-6333　FAX:(603)9179-6060
法律顧問／許晏賓律師
印 刷 廠／鴻運彩色印刷有限公司
出版日期／2009年 10 月　第一版第一刷

定價 250 元　港幣 83 元

ISBN 978-957-659-738-1　　　**Printed in Taiwan**